Great American
Road Trip
PUZZLE BOOK

USA GRAB A PENCIL PRESS

CARLISLE, MASSACHUSETTS

D1451135

CONTENTS

★ How to Use this Book ★

*The puzzles in this book were designed to enhance a real road trip
or help armchair travelers hit the virtual road.*

*The order of the puzzles follows the starred stops on the maps in this book.
The routes are circular, so you can start anywhere along the routes and
experience the journeys from wherever you like. As a bonus, we've
included other interesting general travel-related puzzles
to entertain you between the stops.*

*Whether you are in your car or on your couch, you are sure to discover
unique, curious, and inspiring places through the puzzles in this book.
If you find a word or idea that is unfamiliar,
you can google it and learn something new.*

*We had a fun time dreaming this up.
Hope you have a great journey!*

Great American Road Trip #1
The New England States

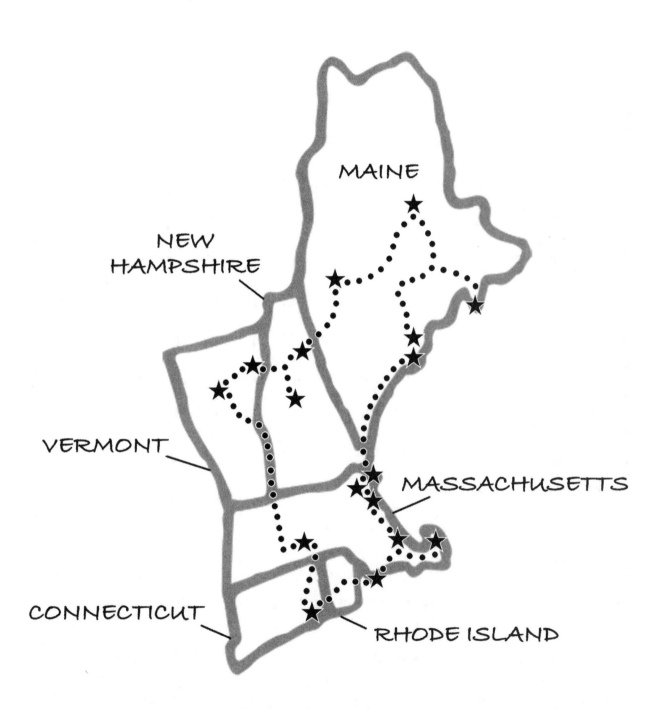

Boston History

```
H N O M M O C U B G I X W E N
H C U A P R A C U W L E S R W
B O R L L I H R E K N U B W K
O P P U M L F K T J O T S S I
S P S A H Y Q G S H I H T T N
T S G A E C X C G G D A A A G
O H R V R J H N M Z T Z O T S
N I U E E N I T C R F B B E C
L L J I V T C U R H O G N H H
A L V L E K F F A O E Y A O A
T S I E R D F K V F N M W U P
I B M Q G K V H D U P D S S E
N W F A N E U I L H A L L E L
U S S C O N S T I T U T I O N
X J V H H H Y F K V B G H O M
```

BOSTON LATIN	BUNKER HILL	COMMON
COPP'S HILL	FANEUIL HALL	KING'S CHAPEL
MEETING HOUSE	OLD NORTH CHURCH	REVERE
STATE HOUSE	SWAN BOATS	USS CONSTITUTION

New England College Tour

Match the institution of higher education to its sports team name.

1. ____ University of Vermont

2. ____ Harvard University

3. ____ University of Rhode Island

4. ____ Brown University

5. ____ University of Connecticut

6. ____ University of Maine

7. ____ Yale University

8. ____ Providence College

9. ____ University of Massachusetts

10. ____ University of New Hampshire

11. ____ Bowdoin College

12. ____ Boston College

A. RAMS

B. WILDCATS

C. CRIMSON

D. EAGLES

E. MINUTEMEN

F. CATAMOUNTS

G. HUSKIES

H. BULLDOGS

I. BEARS

J. BLACK BEARS

K. FRIARS

L. POLAR BEARS

Plymouth, Massachusetts

```
Y  Z  L  E  P  I  L  G  R  I  M  H  A  L  L
B  Q  T  W  I  N  S  L  O  W  B  A  C  O  N
H  S  I  D  N  A  T  S  S  E  L  I  M  C  Y
W  X  P  L  I  M  O  T  H  P  E  U  B  D  N
V  R  I  A  H  C  R  E  T  S  W  E  R  B  R
J  K  C  O  R  H  T  U  O  M  Y  L  P  M  Z
F  Q  C  W  K  O  G  B  P  P  X  X  U  A  X
I  C  O  P  I  E  P  A  B  O  W  L  Y  L  A
R  J  M  F  D  A  Z  P  T  S  V  V  O  O  H
O  Q  J  T  T  K  S  M  X  X  U  Z  F  J  Q
D  T  D  U  V  E  R  E  W  O  L  F  Y  A  M
Z  O  X  G  A  O  N  A  P  M  A  W  T  U  Z
Q  E  C  R  N  K  M  Y  O  I  V  X  K  R  N
T  F  I  T  I  O  S  A  S  S  A  M  T  V  G
G  T  I  S  Q  U  A  N  T  U  M  M  Y  E  R
```

BACON	BREWSTER CHAIR	MASSASOIT
MAYFLOWER	MILES STANDISH	PATUXET
PILGRIM HALL	PLIMOTH	PLYMOUTH ROCK
TISQUANTUM	WAMPANOAG	WINSLOW

New England Islands

Match the island description to the correct island name.

1. _____ An island settled in 1638 and home today to more than 58,000 residents.

2. _____ At 108 square miles, the second largest island on the East Coast and home to summer colonies.

3. _____ Penobscot Indians left behind shell mounds after oyster feasts on this 113-square-mile island.

4. _____ The largest island in Lake Champlain, with over 31 square miles.

5. _____ Named for the chief of a Narragansett tribe and has the largest Native American cemetery in New England.

6. _____ An island and county, adapted from similar Algonquin names, it is a popular tourist destination.

7. _____ Strong storms separate this island from its sister isle where a barrier beach otherwise connects the two.

8. _____ Tourists take to biking and hiking on this isle, less than 10 square miles but home to 2 lighthouses.

9. _____ Only 1/2 square mile, this recreational isle is named for a Native American translator.

10. _____ A thriving fishery and summer colony, the island uses wind power as its source of energy.

11. _____ The third largest island on the East Coast at 96 square miles and an affluent summer colony.

12. _____ Some 39 acres, this island 7 miles off the mainland is known for religious gatherings.

A. CONANICUT ISLAND, RI

B. STAR ISLAND, NH

C. MOUNT DESERT ISLAND, ME

D. NANTUCKET ISLAND, MA

E. COCKENOE ISLAND, CT

F. BLOCK ISLAND, RI

G. MARTHA'S VINEYARD, MA

H. VINALHAVEN ISLAND, ME

I. AQUIDNECK ISLAND, RI

J. CHAPPAQUIDDICK ISLAND, MA

K. GRANDE ISLE, VT

L. ISLE AU HAUT, ME

Cape Cod National Seashore

```
J G A P C H A T H A M K R J R
W F V V T M A H T S A E N U P
X W A L N O M Q B I F M V T T
R U S S M H W F J L K F E V R
U P L T X R D N B M D N Y O M
M V A S R E T S I S E E R H T
P L E G T H G I L T E S U A N
Z B S S K C A H S E N U D I Z
E S N E R R A B E N I P H S C
M A R C O N I B E A C H K Y Q
X M T A H P M A P W P R G H I
T N I O P E C A R A A Q E L L
F F F A X N I L G H V Q H C J
M W D I I P R K S Y J Y I F P
V F C L V C H A M P L A I N I
```

CHAMPLAIN	CHATHAM	DUNE SHACKS
EASTHAM	MARCONI BEACH	NAUSET LIGHT
PINE BARRENS	P-TOWN	RACE POINT
SEALS	SHARKS	THREE SISTERS

Newport Cliff Walk and Mansions

```
X  U  L  B  E  S  U  O  H  E  L  B  R  A  M
U  V  I  C  H  E  P  S  T  O  W  D  R  F  L
L  R  G  E  C  H  A  N  L  E  R  X  Y  U  F
E  O  H  Q  O  Y  K  H  Z  S  M  N  F  L  B
Y  S  T  B  R  E  A  K  E  R  S  Y  I  N  S
C  E  H  C  A  E  B  T  S  R  I  F  R  B  C
G  C  O  M  P  Y  A  Y  D  U  H  K  C  I  E
S  L  U  A  G  K  Z  I  K  E  L  M  S  S  U
N  I  S  D  I  Z  T  C  O  Y  D  G  O  A  S
K  F  E  H  C  A  E  B  S  Y  E  L  I  A  B
M  F  S  D  Y  G  P  N  F  Y  Y  B  Y  C  S
V  L  J  Y  X  C  G  Z  L  H  W  A  X  B  A
H  H  K  T  R  U  O  C  L  E  B  T  I  E  A
O  M  Y  L  Y  G  L  I  A  R  T  I  O  L  T
H  X  D  D  A  S  J  Y  T  E  G  J  D  L  D
```

BAILEY'S BEACH	BELCOURT	BREAKERS
CHANLER	CHEPSTOW	ELMS
FIRST BEACH	ISAAC BELL	LIGHTHOUSES
MARBLE HOUSE	ROSECLIFF	TRAIL

Mystic Seaport

```
H  A  R  T  F  O  R  D  T  R  E  A  T  Y  M
C  H  A  R  L  E  S  M  O  R  G  A  N  M  W
Y  E  H  F  I  U  M  M  U  I  R  A  U  Q  A
P  G  F  X  T  B  F  A  M  I  S  T  A  D  T
W  D  F  Q  H  K  W  T  O  A  X  V  O  Y  Q
F  I  V  R  G  U  A  H  C  A  P  P  I  H  C
A  R  K  X  Y  R  R  E  B  C  A  M  M  E  W
T  B  G  O  S  Z  L  D  Y  W  F  Q  G  F  S
K  E  S  H  I  P  Y  A  R  D  H  P  S  T  S
N  L  Z  A  J  G  D  T  D  F  D  A  F  E  K
Q  U  O  C  K  R  I  S  T  U  B  E  L  X  E
D  C  Y  L  E  O  W  F  F  I  N  B  J  E  L
J  S  U  U  X  T  U  T  N  E  P  T  G  Y  R
J  A  N  O  P  O  L  O  I  S  U  R  O  Y  L
O  B  U  J  H  N  X  Y  U  Z  M  U  V  N  L
```

AMISTAD	AQUARIUM	BASCULE BRIDGE
CHARLES MORGAN	CHIPPACHAUG	EMMA C. BERRY
GROTON	HARTFORD TREATY	L. A. DUNTON
SABINO	SHIPYARD	WHALER

Old Sturbridge Village

```
L  E  Z  M  U  E  S  U  M  N  D  Y  N  V  T
Q  S  L  C  B  G  R  I  S  T  M  I  L  L  P
R  U  C  B  I  I  M  Y  O  O  V  E  G  P  A
W  O  A  J  X  B  X  T  Q  J  Z  X  S  Z  R
I  H  N  Y  B  Q  W  C  U  H  Y  X  H  U  S
A  O  F  R  Y  R  O  E  I  Q  K  M  O  S  O
I  N  A  S  H  L  H  N  N  V  V  V  E  S  N
R  N  Z  D  O  C  C  X  E  A  W  T  S  U  A
Z  E  I  N  U  U  Q  Y  B  F  O  L  H  D  G
B  F  I  Q  S  O  A  T  A  U  E  O  O  G  E
K  A  X  L  E  K  X  J  U  Y  X  G  P  Z  O
L  D  M  E  E  T  I  N  G  H  O  U  S  E  T
D  N  A  L  G  N  E  W  E  N  P  D  C  F  W
S  S  H  C  A  O  C  E  G  A  T  S  K  H  X
Y  R  O  T  S  I  H  G  N  I  V  I  L  I  Y
```

BIXBY HOUSE	COLONIAL	FENNO HOUSE
GRISTMILL	LIVING HISTORY	MEETINGHOUSE
MUSEUM	NEW ENGLAND	PARSONAGE
QUINEBAUG	SHOE SHOP	STAGECOACH

9

Ben & Jerry's Ice Cream Factory

```
O C K D V P A M V M C T M T S
N F Q H M O H U N O B B S U A
H J S C A S C I N D P S U C G
A B B T H W I M S I C Z L H W
Y M L R L E I V N H L D R K J
R O E N A T R P I F F E V F L
U O A R B G N R B T T O V F J
B R C N I D R X Y S C F O E E
R O H K W C O A N G M A S D R
E V H Q W O O O V P A O H A Y
T A Q I N U M N G E U R R E V
A L A M N R J K E F Y C C E W
W F F R E E C O N E D A Y I S
S R W V M C O J Q U A V R H A
V Y M K O W E P G W E Y C D P
```

ACTIVISM	AMERICONE	CHERRY GARCIA
FLAVOROOM	FREE CONE DAY	GRAVEYARD
LAB	PHISH FOOD	S'MORES
UNILEVER	VERMONSTER	WATERBURY

Dog Chapel

```
A A D S E Y J N J Z L J K J Q
D N O T C Z P F V S D W M X T
N O G A N G N I L A E H I O K
S I M I A N P W N V I H D C S
M T O N R Y M P D I W N E S E
L A U E B A H M G A O N S T I
J R N D M J J S O I U A A J T
F B T G E Q F F T H L S M O R
C E A L M R Q C N L K Z G H A
D L I A E T E E C Q D W O N P
R E N S R L H R M N G V D S G
O C R S F P E S C B J N O B O
Z M S E E E T B M U G H N U D
S T R T D K W Q G F R X P R X
T M S S D E E R B L L A M Y Z
```

ALL BREEDS	ALL CREEDS	CELEBRATION
DOG MOUNTAIN	DOG PARTIES	HEALING
NO DOGMAS	REFLECTION	REMEMBRANCE
STAINED GLASS	STEPHEN HUNECK	ST. JOHNSBURY

White Mountain National Forest

```
G  S  Y  Y  M  R  E  D  B  A  R  O  N  I  U
R  R  L  T  U  R  E  V  I  R  O  C  A  S  F
N  F  E  L  B  E  M  A  I  N  E  C  K  S  N
E  G  R  E  A  T  C  A  R  B  U  N  C  L  E
W  A  L  B  L  F  R  E  V  I  R  T  S  O  L
H  B  Q  R  A  E  A  I  Z  S  N  X  T  U  D
A  B  U  I  N  T  Y  S  G  X  T  E  B  T  L
M  P  A  C  Q  N  I  P  U  G  S  Z  I  T  U
P  L  B  K  I  O  S  H  O  H  Q  X  J  G  R
S  J  E  S  I  T  R  P  W  N  T  W  B  Z  D
H  A  N  T  A  W  E  O  F  Z  D  E  U  N  Q
I  G  A  O  D  Z  T  G  P  G  H  S  R  B  T
R  D  K  R  F  N  O  S  I  V  D  G  W  A  W
E  G  I  E  S  U  G  A  M  A  C  N  A  K  I
J  J  P  E  M  I  G  E  W  A  S  S  E  T  W
```

ABENAKI	ARETHUSA FALLS	BRICK STORE
GREAT CARBUNCLE	GREELEY PONDS	KANCAMAGUS
LOST RIVER	MAINE	NEW HAMPSHIRE
PEMIGEWASSET	RED BARON	SACO RIVER

Mount Washington

```
B H T A P D R O F W A R C M T
S G T Y T N U O C S O O C P R
I S P E V I D N Y H O A C R D
K O N E D A N A B O W K C E L
M K O O H C O C O I G A O S G
Q J O B S E R V A T O R Y I D
I U G U C E B Q K C N G Z D K
B U M P E R S T I C K E R E C
T L G X B T U C K E R M A N S
V M G C O G R A I L W A Y T Q
L V S S T N E G R A S S Y I E
Y U P Q N X E G G L W V Z A R
S V A V T Y Y L M J Y E Q L Z
C P G L A D Y S B R O O K S Z
P Y M I S B A A U T O R O A D
```

AGIOCOCHOOK	AUTO ROAD	BUMPER STICKER
COG RAILWAY	COOS COUNTY	CRAWFORD PATH
GLADYS BROOKS	OBSERVATORY	PRESIDENTIAL
SARGENT'S	TUCKERMAN	WOBANADENOK

Rangeley Lake State Park

```
J  M  G  N  I  L  E  E  H  W  R  U  O  F  S
T  M  O  R  V  D  Y  Z  T  J  X  C  G  G  Y
A  O  V  D  T  B  J  T  U  O  R  T  Y  G  D
O  O  O  F  N  I  N  E  M  I  L  E  S  T  C
B  S  A  H  I  W  O  W  S  V  M  F  T  F  W
Y  E  Q  I  S  R  O  T  A  C  I  T  S  U  R
E  C  A  Y  V  B  I  P  G  T  U  H  F  X  E
L  O  S  T  M  N  R  E  T  S  E  W  B  R  X
E  R  A  F  D  A  I  W  F  W  Q  N  C  E  V
G  R  Z  S  V  T  S  I  Q  I  N  Y  R  M  K
N  I  Z  N  W  B  S  B  A  W  J  U  F  O  Z
A  D  T  M  D  H  D  R  O  F  X  O  E  T  X
R  O  C  N  I  L  K  N  A  R  F  V  S  E  M
C  R  J  N  G  N  C  O  Z  D  Q  M  F  P  H
R  L  G  N  O  M  L  A  S  V  I  Y  J  E  O
```

FISHING	FOUR-WHEELING	FRANKLIN CO.
MOOSE CORRIDOR	NINE MILES	OXFORD
RANGELEY BOAT	REMOTE	RUSTICATORS
SALMON	TROUT	WESTERN MTS.

Baxter State Park

```
X Q F O R E S T R Y D Q Q Z R
E T B L A V I C R E P Y H F V
X S L D Y S C A T H E D R A L
I A P P A L A C H I A N Z W G
K I O U Q A T A S S A W I U F
X W A N I D H A T A K T O O E
B E G N A R R E L E V A R T G
Q C V G O K J Q X H D N D U J
Q J Q H P H Q R I P C P H X Z
M A T A G A M O N J K V B Y F
U W M C V T O G U E P O N D L
J T O E C A R T O N E V A E L
O A B Y W T H L W C F X V D Y
U S I U Q A T A C S I P H I D
B X Z E G D E E F I N K D D B
```

APPALACHIAN	CATHEDRAL	FORESTRY
KATAHDIN	KNIFE EDGE	LEAVE NO TRACE
MATAGAMON	PERCIVAL	PISCATAQUIS
TOGUE POND	TRAVELER RANGE	WASSATAQUOIK

New England Tasting Tour

Mark the correct answer for these questions about New England cuisine.

1. The classic New England seafood sandwich originating from Connecticut is

☐ A. Fried Cod Biscuit
☐ B. Shrimp Po'Boy
☐ C. Lobster Roll
☐ D. Tuna Burger
☐ E. Clam Cake

2. A New England kid's sandwich dating back to WWI is called a

☐ A. Fluffernutter
☐ B. Caranutter
☐ C. Maplenutty
☐ D. Jellymallow
☐ E. Chuddernut

3. A New Haven institution known for its charred crust is

☐ A. Pizzola
☐ B. Apizza
☐ C. Pizzaconn
☐ D. Pizza-ria
☐ E. Unapizza

4. A popular ice cream flavor, courtesy of Vermont, is

☐ A. Strawberry Gordy
☐ B. Choc-a-Khan
☐ C. Van-illa Halen
☐ D. Pecan I Can
☐ E. Cherry Garcia

5. A signature soup of New England dating back to the 18th century is

☐ A. Boston Bean Soup
☐ B. Clam Chowder
☐ C. Lobster Bisque
☐ D. Chicken Noodle
☐ E. Corn Chowder

6. Popular since the 19th century, a New England dinner favorite is

☐ A. Cape Cod
☐ B. Lobster Thermidor
☐ C. Rhode Island Red Hen
☐ D. Yankee Pot Roast
☐ E. Vermont Maple Ham

7. The modern fried breakfast cake credited to Rhode Island is

☐ A. Potato Pancake
☐ B. Suncake
☐ C. Johnnycake
☐ D. Hoecake
☐ E. Flatcake

8. A classic cheese of New England when it does not contain annatto is

☐ A. Mass Swiss
☐ B. Hampshire Pimento
☐ C. Maine Smoked Gouda
☐ D. Vermont Cheddar
☐ E. Newport Blue Cheese

9. A popular Connecticut sandwich on a great loaf is

☐ A. Juicy Lucy
☐ B. Grinder
☐ C. Hot Brown
☐ D. Monte Cristo
☐ E. Primanti

10. A large variety of shellfish native to Rhode Island is a

☐ A. Quahog
☐ B. Mapleleaf Mussel
☐ C. Misty Point Oyster
☐ D. Coonstripe Shrimp
☐ E. Sea Scallop

Acadia National Park

```
A U T G L S O E R Z I S E K R
R I I A L G O N Q U I A N D U
G P S B F Y I L D L J R I R H
P B B L A M H F P R M K R X E
R O C K E F E L L E R T G D R
R N C E S A A B B R R J E A S
L W H W G J U M Q C O M R O C
Z A D R M J J H L E D F E R H
X B E J T O Z T A Z O Z P P O
L A S O M E S S O U N D C O O
U N C A D I L L A C T X S O D
A A C D E A G L E L A K E L I
R K A G O F H G W Y M L M O C
X I U Z S K H J G U O R E Z B
O D N O P N A D R O J U J W A
```

ALGONQUIAN	CADILLAC	DORR
EAGLE LAKE	ISLE AU HAUT	JORDAN POND
LOOP ROAD	PEREGRINE	ROCKEFELLER
SCHOODIC	SOMES SOUND	WABANAKI

Freeport, Maine

```
U  L  L  B  E  A  N  O  K  T  W  H  B  H  C
K  C  E  N  S  E  F  L  O  W  A  A  B  Q  B
J  W  Y  T  E  K  E  E  S  A  R  R  A  H  N
V  K  T  Y  R  U  B  D  A  R  B  J  J  O  O
U  L  J  O  R  R  G  U  B  A  W  D  G  I  S
T  G  G  D  O  U  C  C  C  Q  E  N  H  R  L
U  Z  R  T  U  B  A  F  A  Z  I  A  N  E  E
V  S  G  Q  O  S  G  M  C  D  E  L  J  T  U
V  D  T  W  C  Q  T  I  N  P  B  R  P  S  M
A  T  E  O  Q  S  F  A  B  P  W  E  V  A  A
C  Y  B  S  Y  L  L  S  Y  R  G  B  G  E  S
J  A  F  A  E  T  O  S  S  T  N  M  B  N  Q
Y  Q  O  P  S  R  A  Z  K  R  X  U  P  W  X
R  U  P  A  O  U  T  L  E  T  S  C  T  O  M
C  E  M  Y  J  Q  W  K  S  H  M  Q  A  D  V
```

BIG BOOT	BRADBURY	CASCO BAY
CUMBERLAND	DESERT	DOWNEASTER
HARRASEEKET	L. L. BEAN	MAST LANDING
OUTLETS	SAMUELSON	WOLFE'S NECK

Portland, Maine

```
I  X  Y  P  W  N  O  M  S  I  X  G  L  M  M
N  L  G  N  P  O  H  L  K  Y  L  U  G  M  U
O  F  O  R  E  R  I  V  E  R  E  L  L  U  E
P  Q  L  J  X  C  M  M  R  T  N  O  Z  E  S
Z  H  O  L  L  W  E  R  V  M  N  B  L  S  U
S  G  O  D  A  E  S  M  A  G  Y  S  B  U  M
K  K  Z  D  M  P  M  G  F  D  T  T  R  M  S
W  V  O  R  O  V  R  E  Z  E  H  E  E  T  N
P  Y  T  Y  C  U  L  Z  E  B  E  R  W  R  E
Q  B  P  Y  S  L  R  A  C  A  M  R  P  A  R
X  E  Y  E  O  J  E  A  A  D  O  N  U  X  D
Z  U  R  W  F  Q  K  E  X  Q  O  X  B  R  L
F  J  C  Y  X  D  G  K  M  Y  S  A  S  W  I
Q  T  S  E  G  N  A  H  C  X  E  N  P  X  H
G  E  F  O  M  A  C  H  I  G  O  N  N  E  C
```

ART MUSEUM	BREWPUBS	CHILDREN'S MUSEUM
CRYPTOZOOLOGY	EXCHANGE ST.	FORE RIVER
LENNY THE MOOSE	LOBSTER	LONGFELLOW
MACHIGONNE	RESURGAM	SEA DOGS

New England Lighthouses

Match the lighthouse to its location.

1. ____ Pemaquid Point Light

2. ____ Morgan Point Light

3. ____ Sankaty Head Light

4. ____ Sheffield Island Light

5. ____ Southeast Light

6. ____ Portland Head Light

7. ____ Seguin Island Light

8. ____ Beavertail Light

9. ____ West Quoddy Light

10. ____ Race Point Light

11. ____ Point Judith Light

12. ____ New London Ledge Light

A. SIASCONSET, MA

B. CAPE ELIZABETH, ME

C. NARRAGANSETT, RI

D. JAMESTOWN, RI

E. BRISTOL, ME

F. PHIPPSBURG, ME

G. GROTON, CT

H. NEW SHOREHAM, RI

I. PROVINCETOWN, MA

J. NOANK, CT

K. LUBEC, ME

L. NORWALK, CT

Salem, Massachusetts

```
Q D P U R I T A N C O L O N Y
S I W U H P B G M J W P C Z C
S Q L G S J A A E V P E G V W
E Z B X B E S C N S G A H Z I
L A M K K P H O R H E B X N N
B Y Z M U K L S O D D O B X T
A E U E H O D E H A N D Z P H
G A I L D G O A T L E Y J P R
N I H H I A E F A Y Y E B I O
E J D H U M L A H Q V S G H P
V W I T C H T R I A L S B S L
E T N W E R N I F X M E E L R
S U B E O K N N Q M K X D L M
K X D M W A G G P I C K M A N
W H O C U S P O C U S B X T F
```

GEDNEY	HATHORNE	HOCUS POCUS
NAUMKEAG	PEABODY ESSEX	PICKMAN
PURITAN COLONY	SEAFARING	SEVEN GABLES
TALL SHIP	WINTHROP	WITCH TRIALS

Concord Historic Homes

```
W H E E L E R K U L Y Q R R V
F R O B B I N S H O U S E L T
Z F P M Y J A K O U Q L D H M
F E I X P B M Q W A M R O P G
J H M M K H K N A G A R O O N
G S V E O O R H G H E B S K F
H O G S R L A U C A L D Q B S
M H M N G S P R U F N Z E R N
G E R A S E O M Q A U D O H I
R D M M T V W N L X I H Y N C
F T I D R Y O T D S T H I O B
N Q I L D K I K Y U S D D R B
X M H O T U S A A Q A M B B V
C F J S R F W Z M E A K L G D
W Z D F E L E L B N A O A D B
```

AUTHORS	CODMAN	EMERSON
FRUITLANDS	HOSMER	OLD MANSE
ORCHARD	PARKMAN	ROBBINS HOUSE
THOREAU	WAYSIDE	WHEELER

Great American Road Trip #2
The Mid-Atlantic States

NEW YORK

PENNSYLVANIA

NEW
JERSEY

DC

DELAWARE

WEST
VIRGINIA

MARYLAND

VIRGINIA

Thomas Edison National Historical Park

```
L A B O R A T O R Y G I C D V
Q O C U L S E G A R A G C I Z
H L W E I N V E N T O R C G X
Y T L N Q N U D Y X J T F Y J
I E L E W Y L O R E O X Z G I
B G N T W D B E B R C P L L M
A N O F F E I S I S M H M E R
T A I H P G L A V E U O V N L
T R S F Z P N L Y R F N I M G
E O N N G E Q L Y J F O C O B
R T A X U D L Q Q N G G A N L
Y S M G F D J L K Q P R M T N
P E R F X Y S D Y L R A E W A
J W U Q E B W I L P A P R D Q
P V R M O V I E S J P H A K L
```

BATTERY	CAMERA	GARAGE
GLENMONT	INVENTOR	LABORATORY
LLEWELLYN PARK	MANSION	MOVIES
PHONOGRAPH	VICTORIAN	WEST ORANGE

Valley Forge National Historical Park

```
L  S  M  R  A  E  R  I  F  A  O  K  H  U  F
Y  M  O  N  U  M  E  N  T  S  Y  H  E  S  U
Q  P  W  O  L  A  N  G  J  F  D  Q  O  N  P
M  X  I  P  L  R  E  V  O  L  U  T  I  O  N
Q  D  C  A  E  E  T  T  E  Y  A  F  A  L  P
R  H  A  J  P  Q  X  K  E  T  A  N  M  M  C
C  S  G  E  A  Z  F  W  A  R  Y  U  I  I  U
T  L  T  V  H  T  I  K  C  G  M  P  R  D  C
U  P  L  T  C  S  D  H  E  X  X  G  R  X  X
Q  X  E  T  N  E  M  P  M  A  C  N  E  A  P
T  M  D  T  E  W  U  X  C  B  K  W  K  X  J
O  W  G  G  U  A  O  U  A  N  F  C  I  T  N
Y  S  X  J  V  S  E  O  H  S  E  S  R  O  H
A  P  S  F  S  T  U  H  G  O  L  Y  M  R  A
D  V  V  R  K  W  A  S  H  I  N  G  T  O  N
```

ARCH	ARMY	CHAPEL
ENCAMPMENT	FIREARMS	HORSESHOE
LAFAYETTE	LOG HUTS	MONUMENTS
REVOLUTION	WAR	WASHINGTON

Philadelphia History

```
M V G T F T B S N W N E X C E
D N N T R O T L I O A J Q B R
M R P R H D W I P T Q R H O D
E E M I V M V B H E I C S E Y
F K M N K H S E U F B O C S P
P A N I Y W N R P R U N Y C P
B U E T W A H T E A E G A H U
X Q W Y E T X Y D M R V U S
X D C U N N W B N C O E O Y C
Q J M F V I T E P Y T S N L A
V F R N K M P L T F A S A K P
S T F P N E N L U N C Z L I I
C K S E D L P T A T G E L L T
J K Q N X U I T F M Q J I L A
W F I N Z Y I T D Y M G V L L
```

ATHENAEUM	CONGRESS	INDEPENDENCE
LIBERTY BELL	MINT	PENN
QUAKER	SCHUYLKILL	TRINITY
U. PENN	U. S. CAPITAL	VILLANOVA

Lucy the Elephant

```
E C X A B S E C O N M I S M V
H W S B E Q T Z O C Z A J W L
A N O T Y C U L E V A S E Y Z
D Y J O W F A P M A T I C T I
W Y J Y D B T A K C O M V R C
O N X R R E A L E S T A T E B
H O L X T F N D C J K R T F R
J M A O A O B M U J L G K F V
R G N M B Q M V F W N A W A A
A D D R T O V E Q C K T P L A
A K M V V U B C Z B Q E X T Z
Z H A R R O N P A R K T L W Z
A W R V R O B R A H G G E R D
B Q K L X W E B T D K Y V W Q
W S H Y U Y M F R Y E J Z W F
```

ABSECON	BAZAAR	EGG HARBOR
HARRON PARK	HOWDAH	JUMBO
LAFFERTY	LANDMARK	MARGATE
REAL ESTATE	SAVE LUCY	WOODEN

Ocean City Boardwalk

```
U H A G F E R R I S W H E E L
N S R C W M M L I Z W M D O I
E F C A T A A O T A B T O E E
L X A R H L R U W T Z H G D Q
I F D O Z R Y T H V A A F K E
M I E U E N L R X J A R R C V
E R S S C Y A A H Z U R I Q G
E C X E H S N M M W Q I E M C
R H Z L H Y D C T I C S N F U
H W Q E B D O V X O S O D D R
T Q R R W A C E I T N N L O A
U S H Y S X W K C E R S Y L P
C H C T A W E L P O E P D L W
I I E O C H I T U N M K Z E I
R R N Z K M K K S H O G W S U
```

ARCADES	CAROUSEL	COASTER
DOG FRIENDLY	DOLLES	FERRIS WHEEL
HARRISONS	MARYLAND	PEOPLE-WATCH
THRASHERS	THREE MILE	TRAM

Welcome to Delaware

Across

3 Former vice president and former senator from DE.

7 Indigenous peoples of the DE Valley during the 18th century.

8 Home of the University of Delaware.

9 The state capital and home to an air force base.

10 On a peninsula that resembles a barrier island in southern DE.

11 A rounded boundary that separates DE from PA.

13 Wilmington native and former U of Delaware women's basketball star.

14 A DE transport that carries passengers across Delaware Bay to Cape May, NJ.

Down

1 Delaware's largest city, built on the site of Fort Christina.

2 Business-friendly laws make DE a _____ haven.

4 DE nickname for being the first state to ratify the Constitution.

5 The largest of Delaware's Atlantic resorts.

6 A twin-span crossing the Delaware River connecting DE and NJ.

12 A museum, garden, and library housing Americana collections.

13 American entrepreneur, businessman, and philanthropist who called DE his home.

Redden State Forest

```
X  O  C  E  C  M  K  J  K  T  B  P  N  M  O
K  B  C  D  Q  A  M  M  U  N  N  I  G  O  S
T  X  A  U  G  P  M  Y  X  R  U  H  N  J  G
C  W  R  C  D  L  Q  P  F  U  Y  O  I  D  L
O  W  R  C  P  E  F  Q  S  A  G  M  T  K  O
C  M  I  E  H  S  K  A  O  I  E  U  N  P  B
G  M  A  N  C  U  S  Y  I  Q  T  L  U  E  L
N  D  G  T  T  J  Z  G  O  E  D  E  H  G  O
I  D  E  E  A  E  U  X  E  S  S  U  S  D  L
H  V  H  R  W  Q  R  U  H  Q  V  U  G  O  L
S  W  O  Y  D  Y  I  F  W  K  P  M  G  L  Y
I  C  U  U  R  V  Q  O  H  J  J  C  P  V  P
F  D  S  C  I  A  Z  M  I  B  B  G  P  V  I
J  Z  E  L  B  P  H  O  R  S  E  B  A  R  N
D  W  T  M  G  X  L  X  Q  D  Y  H  W  J  E
```

BIRD-WATCH	CAMPSITES	CARRIAGE HOUSE
EDUC. CENTER	FISHING	HORSE BARN
HUNTING	LOBLOLLY PINE	LODGE
MAPLES	OAKS	SUSSEX

Baltimore, Maryland

```
D K Q O R I O L E S O Z I W F
L L I H D I U R D N W V J R Y
L Y T I C M R A H C R V O O I
Z R V O Y K Y D Q T V B H D J
A N U E W Z B M N J R R N Z O
G E M W T M G I O A L I S P A
P H G E B Z O X H A I W H T D
E C T K H P L R L Q V A O K I
M M Q P S T E W R U X S P P U
I T E L O N N R C A D N K F X
E F L X N R T A K R N C I L S
O E N I Y I T D T I V Q N F W
F A O L D B A Y E U O S S L I
R A J A V W U V O M G E F E N
S N E V A R Z X X Y O D Z R A
```

ANTHEM	AQUARIUM	CHARM CITY
DRUID HILL	FELL'S POINT	FT. MCHENRY
INNER HARBOR	JOHNS HOPKINS	OLD BAY
ORIOLES	PORT	RAVENS

Mid-Atlantic College Tour

Match the college or university with the correct mascot.

1. ____ Princeton University

2. ____ University of Pennsylvania

3. ____ Johns Hopkins University

4. ____ University of Delaware

5. ____ University of Virginia

6. ____ Marshall University

7. ____ Columbia University

8. ____ Rutgers University

9. ____ Georgetown University

10. ____ Cornell University

A. BLUE JAY

B. LION

C. BISON

D. QUAKER

E. SCARLET KNIGHT

F. BULLDOG

G. YOUDEE

H. TOUCHDOWN

I. TIGER

J. CAVALIER

Washington, D. C., Monuments

```
H  Z  S  C  V  I  E  T  N  A  M  V  E  T  S
T  Z  R  W  A  L  R  Z  Q  L  E  H  X  Z  P
K  Q  W  D  E  Y  K  G  K  H  N  J  G  M  M
O  W  H  U  W  T  K  L  D  Z  E  O  E  A  L
R  O  I  F  A  N  O  R  H  F  V  J  V  M  K
E  R  T  N  S  D  X  O  O  J  E  R  A  I  I
A  L  E  U  H  K  M  O  I  F  L  N  X  J  N
N  D  H  V  I  J  K  S  F  Q  E  K  U  O  G
W  W  O  O  N  E  C  E  N  O  E  R  S  W  R
A  A  U  F  G  Q  R  V  L  V  N  C  N  I  V
R  R  S  Z  T  S  N  E  O  W  I  U  A  T  K
M  I  E  R  O  N  I  L  C  K  N  I  V  F  D
E  I  B  N  N  J  N  T  N  D  H  K  Y  V  P
B  D  I  P  Q  O  Q  Z  I  D  K  B  I  Z  X
P  P  Y  U  T  S  V  N  L  B  D  H  V  Q  A
```

IWO JIMA	JEFFERSON	KOREAN WAR
LINCOLN	M. L. KING	NINE ELEVEN
ROOSEVELT	U. S. NAVY	VIETNAM VETS
WASHINGTON	WHITE HOUSE	WORLD WAR II

George Washington's Mount Vernon

```
R  C  A  M  O  T  O  P  G  B  U  K  V  G  Z
G  L  L  B  M  R  S  J  O  V  P  O  I  N  Y
O  A  Z  X  P  E  F  T  Y  O  S  V  H  O  T
A  D  H  R  A  V  O  I  Q  R  E  Z  M  I  N
B  I  O  P  L  I  R  E  Z  Z  T  K  I  T  E
P  E  N  O  L  V  E  K  F  N  T  K  C  A  D
L  S  I  C  A  A  S  H  V  Y  E  G  O  T  I
L  A  D  T  D  L  T  J  M  P  U  N  L  N  S
I  S  E  Z  I  G  T  B  F  X  O  Q  O  A  E
M  S  P  Y  A  A  R  M  F  N  H  F  N  L  R
T  N  L  H  N  R  A  O  M  N  L  B  N  P  P
S  Z  M  I  Z  D  I  T  M  L  I  G  A  L  M
I  O  Z  U  H  E  L  B  K  G  S  E  D  F  G
R  S  T  L  R  N  O  S  H  T  J  L  E  U  F
G  C  M  A  N  S  I  O  N  P  O  X  S  X  W
```

COLONNADES	FOREST TRAIL	GRISTMILL
LADIES' ASSN.	MANSION	PALLADIAN
PLANTATION	POTOMAC	PRESIDENT
REVIVAL GARDEN	SILHOUETTES	TOMB

Mid-Atlantic Tasting Tour

Match the food assortment to its native location.

1. ____ Primanti sandwich, popcorn, pierogies, chipped ham, ketchup

A. *WEST VIRGINIA FAVORITES*

2. ____ Pork roll, blueberries, frozen custard, fat sandwich, Boylan soda

B. *BALTIMORE FAVORITES*

3. ____ Ramps, pepperoni rolls, venison, slaw/chili dogs, morel mushrooms

C. *BUFFALO FAVORITES*

4. ____ Soft pretzel, cheesesteak, crab fries, DiNics roast pork, water ice

D. *NEW YORK CITY FAVORITES*

5. ____ Chicken wings, beef on weck, sponge candy, bison dip

E. *PITTSBURGH FAVORITES*

6. ____ Crab cakes, Natty Boh beer, Otterbein cookies, Old Bay, Sno Balls

F. *DELAWARE FAVORITES*

7. ____ Smithfield ham, oysters, peanuts, Brunswick stew, wine

G. *PHILADELPHIA FAVORITES*

8. ____ Knish, cheesecake, pastrami sandwich, bagels, hot dogs, pizza

H. *PENNSYLVANIA DUTCH FAVORITES*

9. ____ Shoofly pie, sauerbraten, whoopie pie, chow-chow, funnel cake

I. *NEW JERSEY FAVORITES*

10. ____ Capriotti's bobbie, slippery dumplings, chicken, Sicilian risotto

J. *VIRGINIA FAVORITES*

Colonial Williamsburg

```
W  Q  P  A  L  A  C  E  Y  O  Y  L  L  F  Y
Y  F  Q  H  C  Y  U  F  I  M  R  O  A  K  R
T  R  X  S  D  P  C  O  A  K  A  F  V  F  O
H  G  T  I  L  T  B  G  R  Q  M  Z  I  W  T
E  L  A  R  O  S  A  U  B  H  M  R  V  O  S
H  O  P  A  T  Z  N  N  C  T  A  S  E  F  I
O  U  O  P  I  F  R  E  O  R  I  V  R  H  H
U  C  D  N  P  I  J  M  U  E  L  U  L  N  G
S  E  E  O  A  O  R  S  R  K  L  P  A  O  N
E  S  X  T  C  O  M  T  T  F  I  V  I  T  I
U  T  G  U  N  C  R  F  H  I  W  G  N  T  V
E  E  P  R  C  X  I  A  O  N  G  M  O  O  I
B  R  I  B  U  J  B  R  U  A  Q  L  L  W  L
K  P  O  V  A  G  J  C  S  G  X  C  O  A  Z
Z  S  L  T  J  A  D  I  E  X  O  V  C  Y  Q
```

BRUTON PARISH	CAPITOL	COLONIAL REVIVAL
COURTHOUSE	CRAFTSMEN	GLOUCESTER
LIVING HISTORY	MAGAZINE	NOTTOWAY
PALACE	WILLIAM MARY	WYTHE HOUSE

Historic Jamestowne

```
T  Q  H  D  N  M  G  R  K  L  H  A  Q  R  P
Z  T  D  Z  I  G  V  P  H  E  U  L  S  E  M
A  R  C  H  A  E  A  R  I  U  M  T  G  L  H
Z  S  R  K  I  N  I  H  Y  B  A  T  X  B  E
L  I  V  I  N  G  H  I  S  T  O  R  Y  M  N
F  H  I  N  A  V  X  G  E  E  Q  O  U  A  I
D  O  G  I  P  S  N  H  Q  C  B  F  C  K  R
O  J  Y  P  E  Q  O  E  H  C  S  S  C  A  H
F  D  F  O  D  U  F  U  Q  H  X  E  U  O  S
Y  J  A  E  S  R  R  N  L  X  F  M  M  T  T
X  N  X  E  Z  C  L  A  T  I  P  A  C  A  N
I  A  J  O  H  N  S  M  I  T  H  J  U  M  U
V  H  W  W  E  A  N  K  P  N  R  W  K  V  H
T  C  X  G  P  N  G  D  Y  N  O  L  O  C  L
K  Y  R  A  N  E  T  N  E  C  R  E  T  N  J
```

AMBLER	ARCHAEARIUM	CAPITAL
CHURCH	COLONY	HUNT SHRINE
JAMES FORT	JOHN SMITH	LIVING HISTORY
MATOAKA	STATEHOUSE	TERCENTENARY

American Civil War Museum

```
T R E D E G A R D Z S C Q D G
Z S W Z L Q A Z T C D O P P Z
V H U E V A T N E M U N O M J
V V E C Z B K H C F W F E W L
T L W R U A S O S Q H E S A E
C E R O M I T T O B I D K P F
S B I K O N C D I S T E R P K
Q K H D T I Z S T N E R O O H
K G L N I G S J D O H A W M B
A Q R O N R G L A S O T N A K
W U T M T I N O I N U E O T U
Z S Q H Y V U U P Q S W R T J
Q Y E C P S U Z Y H E K I O A
L Q Y I E S R T Q R F O V X F
O P L R U C R P R N I Q K B E
```

APPOMATTOX	BOTTIMORE	CONFEDERATE
CSS VIRGINIA	IRONWORKS	LEE
MONUMENT AVE.	RICHMOND	TINTYPE
TREDEGAR	UNION	WHITE HOUSE

Monticello Museum

```
M  S  K  Z  J  R  X  F  P  C  L  L  M  I  M
X  M  V  Z  D  B  M  Y  Y  T  I  Z  O  O  B
N  M  U  A  Q  N  O  P  I  E  T  O  O  A  P
O  R  H  U  X  K  O  W  B  N  T  F  R  Q  I
S  T  I  C  S  C  R  I  I  I  L  E  N  N  A
R  O  M  Q  W  I  E  S  T  B  E  O  O  B  Z
E  B  K  G  K  K  M  F  R  A  M  K  S  Q  Z
F  A  K  D  T  L  O  I  I  C  T  P  I  L  A
F  C  E  R  M  A  D  O  L  G  N  N  D  C  B
E  C  R  K  M  A  N  W  J  Y  J  V  A  O  X
J  O  I  T  Y  Z  Y  N  B  L  U  K  M  L  C
W  L  A  C  I  S  S  A  L  C  O  E  N  H  P
K  D  O  C  Q  R  R  H  E  M  I  N  G  S  G
I  F  W  O  R  Y  R  R  E  B  L  U  M  V  A
E  P  U  C  S  K  E  L  T  O  N  A  Y  B  Y
```

CABINET	DOME ROOM	HEMINGS
JEFFERSON	LITTLE MTN.	MADISON ROOM
MULBERRY ROW	NEOCLASSICAL	PIAZZA
PLANTATION	SKELTON	TOBACCO

Mid-Atlantic Forests

Fill in the boxes with the correct letters to complete the words.
Use each letter only once in each column and each row.

SPROUL State Forest

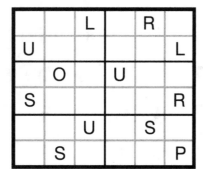

Renovo, PA

PARVIN State Park

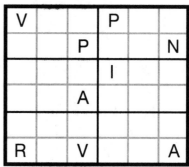

Pittsgrove, NJ

MARSH POND State Forest

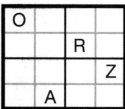

Broome County, NY

ZOAR State Forest

King William County, VA

Shenandoah National Park

```
E W Z T R O E R P V V X J O U
T Y Y C E R C M B Z J T S Y Q
N D S G V N A C D B A F U A Z
O A H B I D R E E W Q L N Q E
M R A Y R J T K B Y M A G V S
D K W M E X O H G K P E I P W
E H K I S R N O V P C R R P O
I O S R O N E E A D D A E D D
P L B R R X V L A E R Q L H A
N L I Y E S A O N A F U A B E
J O L M P C E I Y C K R Y W M
T W L H H Q L D G A P W M X G
N J L I O Y V R Y D R I U W I
W H A F K E G D I R E U L B B
N Z V S R E G N A R K Y L Y K
```

APPALACHIA	BIG MEADOWS	BLACK BEAR
BLUE RIDGE	DARK HOLLOW	HAWKSBILL
LEAVE NO TRACE	LURAY	PIEDMONT
RANGERS	ROSE RIVER	SKYLINE DRIVE

Harpers Ferry
National Historical Park

```
I  R  A  W  L  I  V  I  C  J  X  K  X  V  U
B  L  V  A  C  H  S  T  O  R  E  R  M  N  P
O  T  P  B  D  P  A  F  X  L  D  E  L  H  P
O  P  O  O  T  Y  V  R  Z  Q  U  M  F  R  H
K  O  T  L  N  U  G  F  P  M  D  O  N  G  G
E  V  O  I  X  C  S  Z  R  E  Z  T  S  E  O
P  P  M  T  H  J  M  C  P  A  R  E  F  Q  W
S  O  A  I  O  B  I  O  A  F  I  G  O  Y  N
R  S  C  O  D  W  M  U  Z  R  T  D  K  G  M
E  W  P  N  D  M  M  L  J  K  O  I  D  M  X
T  R  Z  Z  Z  N  J  O  H  N  B  R  O  W  N
E  H  A  O  D  N  A  N  E  H  S  B  A  A  U
P  X  A  O  S  B  Q  H  U  E  G  X  W  T  V
T  Q  G  N  I  T  F  A  R  X  G  S  J  G  G
S  D  A  Q  E  D  P  G  M  Q  H  C  H  U  N
```

ABOLITION	CIVIL WAR	CSX BRIDGE
HARPER	JOHN BROWN	POTOMAC
RAFTING	RAID	SHENANDOAH
STORER	ST. PETER'S	TUSCARORA

Gettysburg, Pennsylvania

```
L  N  D  S  P  H  N  B  H  E  E  T  H  J  E
Q  H  X  W  G  E  E  L  L  A  R  E  N  E  G
D  X  H  J  Q  S  T  R  S  U  Y  P  O  M  E
K  M  L  F  W  U  D  W  E  D  F  B  Z  F  L
Z  P  Y  C  E  O  L  D  M  T  E  G  X  E  L
A  V  G  E  D  H  E  A  I  O  S  B  V  I  O
A  C  Z  M  A  S  I  O  N  L  S  M  R  S  C
R  Q  S  E  E  L  F  R  A  S  E  A  A  E  O
C  O  A  T  M  L  E  L  R  X  R  T  J  N  L
N  Z  N  E  Q  I  L  I  Y  M  D  F  C  H  I
Q  W  N  R  V  W  T  A  R  V  D  B  M  O  N
D  A  P  Y  G  K  T  R  I  H  A  X  I  W  C
W  M  S  V  V  T  A  C  D  Y  B  M  A  E  O
L  W  S  P  C  B  B  N  G  E  Z  T  R  R  L
W  H  J  M  A  N  H  M  E  K  L  V  R  J  N
```

ADDRESS	BATTLEFIELD	CEMETERY
COLLEGE	EISENHOWER	GBMA
GENERAL LEE	LINCOLN	MEADE
RAILROAD	SEMINARY RIDGE	WILLS HOUSE

Pittsburgh, Pennsylvania

```
W  B  B  O  O  H  R  D  T  T  X  H  F  Y  D
Y  C  P  J  A  M  U  S  B  R  C  O  P  F  F
T  O  V  K  I  X  Z  T  V  I  I  O  V  O  L
N  N  X  Q  U  E  T  F  T  A  Q  P  A  R  X
S  M  F  W  K  D  K  A  V  N  Q  L  S  B  O
S  E  I  G  O  R  E  I  P  G  P  C  L  E  S
L  I  P  B  P  T  S  R  E  L  E  E  T  S  N
S  E  E  Y  E  Z  K  X  L  E  W  C  Q  W  O
I  N  A  P  N  P  N  P  T  Z  A  S  N  U  L
O  A  M  I  G  H  M  I  M  A  H  X  P  A  L
S  J  H  R  U  E  I  G  E  N  R  A  C  D  E
W  N  R  A  I  T  R  K  A  H  M  I  C  Q  M
D  X  T  T  N  M  B  R  I  D  G  E  S  X  R
I  U  U  E  S  C  E  N  S  E  U  Q  U  D  U
L  W  R  S  N  B  O  S  Y  T  L  D  Y  A  B
```

BRIDGES	CARNEGIE	DUQUESNE
FORBES	HEINZ	KDKA
MELLON	PENGUINS	PIEROGIES
PIRATES	STEELERS	TRIANGLE

National Baseball Hall of Fame

```
O S L S U H U H G H O B H U A
X Q R P N C T H M A S A Z A E
H E A D E X W U P H Y A I K R
G N O S N I B O R M A R U E Z
K S Z F Q W Z N U N M O E O J
Q N I U L V F R M J U N L N Z
O D O N W M H X V W T T Z M
B E J A P V U P N C M F N L Y
X R T C N O N W I L L I A M S
G Y Q L S N E M E L C Z M W K
E Q Q A P G G D X W N G P A N
H W Q B E B N I M L B P F G A
R C O O P E R S T O W N D N H
I Z Z W J O M A J T V A U E X
G C O B B Y T Z R F Q U L R S
```

AARON	CLEMENS	COBB
COOPERSTOWN	GEHRIG	MANTLE
MAYS	MLB	ROBINSON
RUTH	WAGNER	WILLIAMS

Fort Ticonderoga

```
E Q E S N M B Y L R L D T J A
C T Z R O H O K I E T Y N I U
N Z A A I X V T V V E F G P S
A M M E T N N D I I F V C A A
I O N Y U I O K N R N T P F R
F A R N L A L N G E E N U W A
E F O E O L L R M T D S K L T
D O C V V P I I U U R T D N O
T V M E E M R D S H A A X N G
M L F S R A A I E C G R Z Z A
V Y N W F H C B U A S F E S B
K P V K M C V A M L G O Y I N
L O T B I N I E R E N R Z E Y
H U D P A F N W B Z I T E C C
H F B V K X V W V I K A L B Z
```

CARILLON	CHAMPLAIN	CORN MAZE
KING'S GARDEN	LA CHUTE RIVER	LIVING MUSEUM
LOTBINIERE	MT. DEFIANCE	REVOLUTION
SARATOGA	SEVEN YEARS	STAR FORT

Kaaterskill Falls and the Bayard of Dogs

```
Y  K  T  E  W  P  L  Z  K  K  M  Z  H  G  I
V  D  C  U  O  R  L  L  M  N  E  U  N  Z  R
S  P  R  U  C  E  C  R  E  E  K  I  R  B  D
Z  N  P  H  I  S  T  I  G  V  V  C  A  S  B
P  N  L  N  Q  E  M  D  N  R  Y  R  L  O  V
J  N  A  N  H  R  U  A  I  P  T  L  C  J  K
Q  P  B  N  I  V  G  P  V  R  A  F  O  V  H
S  B  R  X  B  E  V  M  A  F  F  N  L  I  Q
A  P  Y  A  A  V  X  M  R  T  X  A  E  T  W
S  D  A  F  O  S  W  E  G  N  L  Q  Z  E  D
O  H  N  J  I  X  T  C  N  A  W  G  S  K  Z
Y  L  T  F  K  A  O  K  E  S  Y  S  T  X  T
E  D  A  C  W  Z  S  L  L  I  K  S  T  A  C
D  A  M  M  E  D  D  D  M  S  I  D  O  S  B
T  D  F  F  G  J  G  M  D  U  Z  P  X  X  B
```

BARTRAM	BRYANT	CATSKILLS
COLE	DAMMED	ENGRAVING
IRVING	PRESERVE	SPANIEL
SPRUCE CREEK	VITE	WATERFALLS

Franklin D. Roosevelt Presidential Library

```
P R D O T L L F C W M X V F L
M E M O R A B I L I A F B B M
U I I F N Z L R K E T I D M Q
T I D D W I S B H F R H O H
M F K R R U T D I B E M R A
R P R P E R A L K M Q S U G A
G B A A S A N I D K C I I E B
N H P P E K N B N S Z D R N O
Y F E E A Y E R I E T E O T C
P C D R R N D A A V N C T H L
I C Y S C D Y R H I E H I A T
H A H I H L S Y S H R A D U E
F Q D W N K O M C C O T U Q Y
N X E E E V N Y M R L A A G R
F Y R U O Y I F V A A P H I Q
```

ANNE DYSON	ARCHIVES	AUDITORIUM
FDR PAPERS	FIRESIDE CHAT	FIRST LIBRARY
HYDE PARK	LORENTZ	MCSHAIN
MEMORABILIA	MORGENTHAU	RESEARCH

Mid-Atlantic Casinos

Match the casino to the correct city location.

1. _____ MGM National Harbor

2. _____ Turning Stone Resort & Casino

3. _____ Hard Rock Casino

4. _____ Rivers Casino

5. _____ Mardi Gras Casino

6. _____ Casino at Delaware Park

7. _____ Parx Casino & Racing

8. _____ Tioga Downs & Casino

9. _____ Ocean Downs

10. _____ Hollywood Casino

A. PITTSBURGH, PA

B. WILMINGTON, DE

C. BERLIN, MD

D. ATLANTIC CITY, NJ

E. VERONA, NY

F. BENSALEM, PA

G. CHARLES TOWN, WV

H. OXON HILL, MD

I. NICHOLS, NY

J. CROSS LANES, WV

New York City Museums

```
X W M G T I N T R E P I D Z N
H A O B R O M R L G Y R M O E
V H M B O F D Q Z T M F I E V
O J A B T A C V U B E H T G E
Y R A R B I L C I L B U P A L
T D R E A F Q Q R R T J D N E
L L B O R M C H U C R D B O E
P L M I E H N E G G U G P I N
J D C E N J V C Y U H Z R P I
D K T H E M E T S W B J F S N
Q S Z N T H E M O R G A N E W
Y L A C I R O T S I H Y N B X
B U S Q G H N M A L L Y R G Z
L B R N J I W M Q K H H R K S
U C O O P E R H E W I T T M H
```

AMNH	COOPER HEWITT	FRICK
GUGGENHEIM	INTREPID	KGB ESPIONAGE
MOMA	NINE ELEVEN	NY HISTORICAL
PUBLIC LIBRARY	THE MET	THE MORGAN

Great American Road Trip #3
The Southeastern States

NORTH
CAROLINA

TENNESSEE

ARKANSAS

SOUTH
CAROLINA

GEORGIA

LOUISIANA

ALABAMA

MISSISSIPPI

FLORIDA

Selma to Montgomery National Historic Trail

```
S  U  T  T  E  P  D  N  U  M  D  E  A  G  Q
J  U  Z  B  L  O  O  D  Y  S  U  N  D  A  Y
F  V  O  T  I  N  G  R  I  G  H  T  S  W  Y
O  N  L  A  T  I  P  A  C  E  T  A  T  S  S
O  H  T  G  O  V  W  A  L  L  A  C  E  Z  O
T  Y  L  U  M  H  P  P  G  T  P  R  G  H  N
S  S  S  W  O  J  I  M  M  I  E  L  E  E  L
O  Q  M  J  B  W  E  X  N  G  N  I  K  R  D
L  L  E  P  A  H  C  N  W  O  R  B  M  A  Y
D  X  T  E  N  T  C  I  T  Y  S  C  L  C  D
I  X  F  F  O  K  A  G  D  A  Q  K  W  P  E
E  J  W  R  I  G  H  T  C  H  A  P  E  L  V
R  S  M  N  H  D  P  T  B  W  B  Y  T  I  S
S  U  K  Z  Q  O  R  E  O  K  V  M  V  B  C
B  B  F  U  Y  L  F  V  A  S  J  E  D  G  B
```

BLOODY SUNDAY	BROWN CHAPEL	DR. KING
EDMUND PETTUS	FOOT SOLDIERS	GOV. WALLACE
JIMMIE LEE	SCLC	STATE CAPITAL
TENT CITY	VOTING RIGHTS	WRIGHT CHAPEL

New Orleans Food

```
I C B A N A N A S F O S T E R
P T U R T L E S O U P K B C D
R L R Q E K C H X J B B U I E
D B J E U H C N H H X P E R T
G E F C A U Q O S A U A Y S O
C I H M K P B I Y M Q Y W N U
O G D L H M F V D U Y A X A F
R N O H U W P M O F W L Q E F
K E I G A O T J D F O A R B E
I T M R B V H Y S U U B H D E
M S C O S O I C T L H M B E S
E U Y P R A L I N E S A K R D
G B A U Q I U P B T F J F R P
D F W M H V H Q X T T B V S Z
M A O Y S T E R S A F V X E Q
```

BANANAS FOSTER	BEIGNETS	CRAWFISH
ETOUFFEE	GUMBO	JAMBALAYA
MUFFULETTA	OYSTERS	PO' BOY
PRALINES	RED BEANS & RICE	TURTLE SOUP

Red Bluff

```
N O Y N A C D N A R G S M Y V
G R M H Q F E A W S F R M I V
P S L S M Y V Y M X R O C C O
P C B G C A O Z A B W L V S Q
E E G E B L M Y R Y T O Q T C
A N F O X C Y N I E L C J N N
R I L L C D A U O P C D Z E O
L C O O Y E W X N E L I U M I
R W O G I R H X C G I V W I S
I A D I Z G G O O R F I R D O
V L P C T Q I K U R F V Z E R
E K L A P J H N N S S Q R S E
R Z A L Z W G C T A D S K C Z
L D I D D M J B Y N K I O D U
X B N B R F T G Q P H I L F S
```

CLIFFS	EROSION	FLOODPLAIN
GEOLOGICAL	HIGHWAY MOVED	MARION COUNTY
MS GRAND CANYON	PEARL RIVER	RED CLAY
SCENIC WALK	SEDIMENTS	VIVID COLORS

Vicksburg
National Military Park

```
V R Y R O T S I H G N I V I L
I Q U A U R A W L I V I C S E
L D V N N A R T P A R K M O T
H G B W T B P G H D L L O G Q
C S A T G H I B G B A N F C
R P T W R H R I Z U Y I U P Y
A O T D A R K U U P R K M H R
L O L H N I A V H I U H E R E
A R E J T Y Q V F I S M N Y T
I T F L S R A N H I S U T Y E
R K I E C Z O Z P I C T S W M
O C E E A N Y P V G A J O M E
M A L D N B M P V X I H B R C
E L D A A N C N I K R Y R I Y
M B C T L Y X R F V O G I A Q
```

ART PARK	BATTLEFIELD	BLACK TROOPS
CANNON FIRING	CEMETERY	CIVIL WAR
GRANT'S CANAL	LIVING HISTORY	MEMORIAL ARCH
MONUMENTS	RUN THRU HISTORY	USS CAIRO

Southeastern Roadside Critters

Match the roadside critter to its description.

1. ____ State reptile of Florida, Louisiana, and Mississippi.

A. *SNAPPING TURTLE*

2. ____ Aquatic mammal often seen off the coast of Florida, also known as the sea cow.

B. *FIREFLY*

3. ____ Known to mimic the songs of other birds, this is the state bird of Arkansas, Florida, Mississippi, and Tennessee.

C. *MANATEE*

4. ____ Native to Southeast Asia, this huge snake can now be found in Florida.

D. *PYTHON*

5. ____ Millions of these can be seen flashing their lights in unison in Tennessee's Great Smoky Mountains.

E. *ALLIGATOR*

6. ____ This little armored mammal can be found from Florida to southwest North Carolina.

F. *BOX TURTLE*

7. ____ Found throughout the region, this turtle is the state reptile of Tennessee and North Carolina.

G. *MOCKINGBIRD*

8. ____ Found in muddy ponds and lakes throughout the region, this critter has a shell up to 18 inches long and a powerful bite.

H. *HOGNOSE*

9. ____ Found throughout the region, this nonvenomous snake flattens its head to scare predators and, if that does not work, rolls over and plays dead.

I. *ARMADILLO*

Natchez National Historical Park

```
P  B  W  G  F  T  Z  J  P  F  N  E  X  Z  M
P  E  L  L  O  T  T  S  D  I  A  R  Y  S  R
N  M  A  X  R  D  R  G  Q  M  T  I  M  R  A
L  M  V  V  T  P  H  D  H  T  C  N  J  E  R
F  E  I  W  R  A  P  S  S  C  H  K  Y  T  P
Z  R  V  A  O  R  G  W  N  O  E  T  C  R  P
S  Y  E  Z  S  K  Y  J  A  T  Z  X  R  A  W
Y  E  R  H  A  M  C  O  R  T  I  X  E  U  I
P  O  K  E  L  U  D  H  R  O  N  J  B  Q  X
Y  P  E  R  I  S  D  N  U  N  D  I  R  E  H
F  B  E  F  E  E  N  S  M  B  I  R  A  V  X
X  S  R  P  H  U  Q  O  C  X  A  U  B  A  E
E  O  G  J  D  M  Z  N  M  Z  N  J  F  L  G
Q  E  S  O  R  L  E  M  J  O  I  G  N  S  X
L  P  S  R  E  D  L  I  U  B  D  N  U  O  M
```

BARBER	COTTON	DIARY
FORT ROSALIE	GREEK REVIVAL	MCMURRANS
MELROSE PARK	MOUND BUILDERS	NATCHEZ INDIAN
MUSEUM	SLAVE QUARTERS	W. JOHNSON

South Toledo Bend State Park

```
G Z G N I H S I F S S A B T K
N F B B R F I I H K B R N A L
I L R S A G M R K I E I B L R
P I E E L L J I R Q O T O A N
M A G K T M D D G P F R A K H
A R Y G H N I E E V I L T E J
C T O B N N E I A O H T I V W
C V O T G I P C V G O Z N I D
I H R V R P K R R U L I G E H
N O Y V I A E I O O F E D W T
E R B H A S R W B Y T Q K T G
C N K R E O G H E N R I X R F
S A J R K Y D Q C F T P S A X
B S Y U F V C R B V W M K I X
L L O U I S I A N A I O O L V
```

BALD EAGLE	BASS FISHING	BIRDING
BOATING	HIPPIE POINT	LAKEVIEW TRAIL
LOUISIANA	MTN. BIKING	OHV TRAIL
RESERVOIR	SCENIC CAMPING	VISITOR CENTER

Welcome to Arkansas

Across

3 Visit this Folk Center State Park to experience traditional Arkansas arts, crafts, and music.

4 This drink has been produced in Arkansas since 1872, when European settlers realized the Arkansas River Valley was perfect for growing grapes.

7 Boggy Creek is thought to be home to one of these legendary creatures.

9 The Arkansas Air Museum in this city displays several vintage airplanes.

10 A crater near Murfreesboro is the only place in the nation that the public can come to search for these.

11 This ghost town is located in Buffalo National River Park.

12 Hot Springs National Park, in these mountains, has long attracted visitors to soak in its waters.

14 This United States president was born in Hope, Arkansas.

Down

1 Arkansas's state musical instrument.

2 This botanical garden at the University of Arkansas features beautiful views and a children's adventure garden.

5 In 1803, the United States purchased the territory that includes Arkansas from this French ruler.

6 Find one of the nation's best collections of American art at the Crystal Bridges Museum in this city.

8 This Little Rock high school became the center of the school desegregation movement in 1957.

13 A bronze statue of this cartoon character stands in Alma, the "Spinach Capital of the World."

Crater of Diamonds State Park

```
H N Y O Y X H F T D I A S R C
W Y S D V F U I J I N N R H Z
P T T Q O Y D N U A F D A S O
Y K A M L R D D R M R I L E P
P I R X C E L E W O A B L A D
C M O Y A N E R U N O J I R I
V B F V N G S S G D J M M C S
F E A O I A T K W S N A N H C
F R R K C W O E J P V S W F O
O L K V P N N E A R A E O I V
G I A I I W Q P L I I L T E E
N T N A P A S E J N B C M L R
U E S Y E R I R R G L N O D Y
S T A F H T H S O S Z U O Y K
S F S F W S D N P W F J B U P
```

BOOMTOWN	DIAMOND SPRINGS	DISCOVERY
FINDERS KEEPERS	HUDDLESTON	KIMBERLITE
MILLARS	SEARCH FIELD	STAR OF ARKANSAS
STRAWN-WAGNER	UNCLE SAM	VOLCANIC PIPE

Arkansas Alligator Farm & Petting Zoo

```
S  G  N  I  R  P  S  T  O  H  E  U  D  C  X
B  H  V  Y  W  U  N  U  D  D  W  K  X  Q  X
S  Y  G  Z  Y  E  A  P  C  L  Q  C  I  Q  S
O  L  Q  V  C  X  M  Y  S  E  F  I  M  V  Z
T  O  D  W  H  X  R  G  G  I  H  T  H  F  O
S  L  Z  I  Q  C  E  M  N  F  O  S  O  Q  R
D  L  A  G  O  Q  M  Y  I  L  M  A  L  W  B
K  E  Z  O  N  S  Z  G  D  E  E  N  D  D  A
U  B  S  X  I  I  R  O  E  G  R  O  A  N  B
L  P  K  Z  T  R  T  A  E  O  U  T  G  H  E
U  M  K  D  X  Y  J  T  F  F  N  A  A  B  R
Y  A  M  Y  E  A  J  S  E  A  Q  E  T  E  U
K  C  O  T  V  W  D  G  V  P  J  M  O  J  T
T  L  M  U  E  S  U  M  I  N  I  M  R  H  H
L  H  H  U  I  O  Q  Z  L  P  C  G  H  F  S
```

BABE RUTH	FOGEL FIELD	H. L. CAMPBELL
HOLD A GATOR	HOME RUN	HOT SPRINGS
LIVE FEEDINGS	MEAT ON A STICK	MERMAN
MINIMUSEUM	PETTING ZOO	PYGMY GOATS

Little Rock, Arkansas

```
E G D I R B M A D G I B K S Q
G E L X G H B A P H J F K T T
R L A P E T I T E R O C H E V
P I D E S E E H C X U V O B O
T R N T M E L C A N N I P L G
F R E T R A U Q W A P A U Q E
D B C A R T S C E N T E R V L
R T C S E R P N O T N I L C S
G C I B P H A F J N X G O C C
H E R I T A G E T R A I L W H
L I T T L E R O C K N I N E W
K C A B R O Z A R S S U C J A
X X L O F L S F S X A X P A R
D Q I W A R M E M O R I A L T
U Q R Y S M I X J P P P P M Z
```

ARTS CENTER	BIG DAM BRIDGE	CHEESE DIP
CLINTON PRES. CTR.	HERITAGE TRAIL	LA PETITE ROCHE
LITTLE ROCK NINE	PINNACLE MTN.	QUAPAW QUARTER
USS RAZORBACK	VOGEL SCHWARTZ	WAR MEMORIAL

Bentonville, Arkansas

```
N U X Y C R A F T F A I R S Y
E N V D B T F E N J J V Y P S
D W S R A E T F O L I A R T V
T M Q M S O M D L P O Z Z K D
S A M W A L T O N R K C D L Q
U E A C C E M G N I K I B D Y
O O N O I T A N E G A S O N V
C R Y S T A L S P R I N G S X
Z Y M O N A H N O Z A R K S L
E Q U U Y R T L U O P A E P S
W M W A L M A R T M U S E U M
J F T E K C I R C P D M I E N
E T N B Y L S I Q S J N S Z L
L M Z S L E H S U B E L P P A
P D Q M V C R W U M Y H T E U
```

APPLE BUSHELS	BIKING MECCA	CRAFT FAIRS
CRICKET	CRYSTAL SPRINGS	MONAH
OSAGE NATION	OZARKS	POULTRY
SAM WALTON	TRAIL OF TEARS	WALMART MUSEUM

Welcome to Tennessee

Across

3 A park in Bluff City features 40 life-size recreations of these prehistoric beasts.

7 Nashville is home to this "Grand Ole" country music venue.

9 Go to this town to visit Lost Sea, a cave system containing the nation' s largest underwater lake

11 Nashville's Centennial Park features a scale replica of this ancient Greek temple.

12 Go to this mountain to look out for a great view of Chattanooga and stay to see Rock City.

13 In Adams, you can visit the old farm and cave once haunted by this witch.

14 Rock and Roll legend Elvis Presley's Memphis mansion.

Down

1 U. S. President Andrew Jackson's home near Nashville.

2 Pigeon Forge boasts a replica of this doomed ship and a museum devoted to it.

4 Visit this town to see the Museum of Appalachia, where you'll learn about the people who settled the Appalachian Mountain region.

5 This city has the Museum of Salt and Pepper Shakers.

6 Country music singer Dolly Parton's amusement park in Pigeon Forge.

8 The world's largest underground waterfall, near Chattanooga.

10 Every June, tourists flock to Gatlinburg to see millions of these blinking their lights in unison over the Great Smoky Mountains.

Memphis, Tennessee

```
L R M O B L E W M L G V N F C
T Z R I W B U P U H S I E X O
T O H D A C Q O M V P P U R T
E T T U S L I C S V M B I Q T
E O E T A S D N A N N C S Q O
R S J S K K G F V P S R V V N
T E A N C K Q J Y C I E O D R
S D U U I M A W O E J T U A O
E Z H S H K A F B N T U A L W
L X R R C Y I K T J Y M U L B
A L O R R A I N E M O T E L H
E D A R T E V A L S N E N U L
B D N A L E C A R G K M F V R
P G S K C U D Y D O B A E P Q
Y A M N I S I H P M E M Q S Y
```

BBQ CAPITAL	BEALE STREET	BLUES 'N' SOUL
CHICKASAW	COTTON ROW	DESOTO
GRACELAND	LORRAINE MOTEL	MEMPHIS IN MAY
PEABODY DUCKS	SLAVE TRADE	SUN STUDIO

U. S. Space
and Rocket Center

```
V P F S G C N J K M X B D A X
K H L P O R U K L N E I P P P
Q M U A Z O A I Z N A G R O I
A N N C V R R L G U R X R L V
D L A E C V B I E N I I T L S
W X R C K J N N U Y A L V O I
K V L A B E O C N F O R M P M
V E A M S T V W S F T F I R U
N E N P S A M D X L E F S O L
R B D D W T L W S F C H S G A
U Z E C U R P K Q H A M B R T
T R R V O K Y C M F F C A A O
A J G W M L N G Q K R T K M R
S C T T A T O T Z W U P E I S
S W Y B L L W O D Z S C R I Q
```

APOLLO PROGRAM	ENGINES	LUNAR LANDER
MISS BAKER	REDSTONE	SATURN V
SIMULATORS	SKYLAB	SPACE CAMP
SURFACE TO AIR	VON BRAUN	WORLD'S FAIR

Nashville Music

```
Q G Z N B L Y S M N A M Y R Y
A Y T T L K B O U Q C L H U O
K I R M U H M N S B U Y C U R
N B N U E W U G I N D G O Y Q
O P K X B G S W C G S R U R E
T D E E I I I R R B T E N P S
Y B M A R P C I O O U C T O E
K Q A I D E C T W E D O R E V
N K F I C R I I S G I R Y L E
O U F U A V T N Z B O D P O E
H B O Q F O Y G J F B I O D R
T U K F E M P G U X V N P N M
M F L Q G N D G O Q H G P A I
I B A Y B P E N F D J R U R J
F U W H X T L Y U T N D P G P
```

BLUEBIRD CAFE	COUNTRY POP	GRAND OLE OPRY
HONKY-TONK	JIM REEVES	MUSIC CITY
MUSIC ROW	RECORDING	RYMAN
SONGWRITING	STUDIO B	WALK OF FAME

Atlanta Arts and Culture

```
I  S  J  X  O  M  T  U  R  C  R  X  N  J  Q
E  N  C  P  D  F  F  G  V  N  R  A  A  M  Q
T  A  R  E  P  O  A  T  N  A  L  T  A  D  Z
I  W  S  E  E  N  K  Y  K  A  H  S  G  Q  V
U  W  F  N  E  C  N  A  I  L  L  A  E  H  T
N  U  Y  G  E  R  C  D  X  L  X  M  I  C  V
K  T  S  E  F  S  T  R  A  K  C  A  L  B  D
C  I  L  A  V  I  T  S  E  F  M  L  I  F  O
G  K  S  S  A  D  N  A  P  T  N  A  I  G  S
A  T  L  A  N  T  A  B  A  L  L  E  T  B  A
T  C  Y  R  E  T  N  E  C  P  O  H  P  I  H
B  O  Y  A  W  H  G  I  H  D  R  O  F  U  B
P  E  A  C  H  T  R  E  E  L  A  T  I  N  O
Z  D  S  L  L  A  W  G  N  I  V  I  L  N  N
P  H  D  C  X  F  D  C  Q  E  G  L  H  O  C
```

ASO	ATLANTA BALLET	ATLANTA OPERA
BLACK ARTS FEST	BUFORD HIGHWAY	FILM FESTIVAL
GIANT PANDAS	HIP-HOP CENTER	LIVING WALLS
PEACHTREE LATINO	SHAKY KNEES	THE ALLIANCE

Southeastern Tasting Tour

Fill in the missing letters of these popular southeastern dishes.

1. ____ A great place to get a slice of the signature dessert of the Florida Keys

   _e_ W_s_ K_y _i_e _i_

2. ____ Since 1984, Lexington, North Carolina, has hosted this celebration of the pig

   _a_b_c_e _e_t_v_l

3. ____ Go to Mt. Pleasant, South Carolina, to see them shuck 80,000 pounds of tasty mollusks at this festival

   _o_ C_u_t_y _y_t_r _e_t_v_l

4. ____ New Orleans, Louisiana, is renowned for serving this freshwater crustacean that looks like a tiny lobster

   _r_w_i_h

5. ____ Each year Salley, South Carolina, hosts this celebration of a very southern dish made from pig intestines

   C_i_l_n _t_u_

6. ____ Enjoy small crustaceans and boiled cornmeal at this annual festival on Jekyll Island, Georgia

   S_r_m_ a_d _r_t_ F_s_i_a_

7. ____ This Tennessee city hosts the Jack Daniel's World Championship Invitational Barbecue

   L_n_h_u_g

8. ____ This Arkansas town has hosted the annual World Championship Squirrel Cook Off

   G_a_e_t_

Great Smoky Mountains National Park

```
N  R  J  A  D  P  F  P  Q  S  J  I  H  K  U
S  A  M  J  B  A  R  A  H  R  L  C  T  Y  D
H  V  O  T  B  E  N  G  B  E  O  T  E  X  D
U  D  U  C  A  F  V  D  N  L  A  M  E  K  L
F  S  N  U  B  X  W  N  R  L  K  G  T  E  H
L  R  T  T  A  C  T  U  Y  E  I  E  F  W  H
Y  A  L  A  V  A  S  O  B  F  T  G  U  C  T
F  E  E  N  K  D  R  F  V  E  J  J  L  G  S
I  B  C  D  Z  E  Q  W  D  K  N  J  A  E  A
S  K  O  R  T  S  G  E  G  C  P  E  N  H  L
H  C  N  U  Q  C  I  N  S  O  D  H  O  K  I
I  A  T  N  D  O  I  W  Z  R  D  F  C  B  D
N  L  E  B  I  V  K  O  U  B  K  M  O  S  N
G  B  M  T  T  E  K  C  O  R  C  Y  V  A  D
S  H  M  O  S  T  V  I  S  I  T  E  D  D  B
```

BLACK BEARS	CADES COVE	CUT AND RUN
DAVY CROCKETT	FDR	FLY-FISHING
MOST VISITED	MOUNT LE CONTE	NEWFOUND GAP
OCONALUFTEE	ROCKEFELLERS	TSALI

Dollywood

```
S S Q L I G H T N I N G R O D
M I Y A Y A O W K A E S H I I
O D R E P D K S D L H D G A T
U T T Z C A S M N C T B L A J
N H N E O E H V O J H D A U H
T K U G U R O G T T O Q S N Z
A L O R N B W B R R M R S T N
I G C O T N S A A F E W B G H
N T H F R O Y V P M S A L R Z
H S S N Y M X I Y R P H O A I
O X A O M A H A L N U V W N W
M I L E U N G R L H N M I N M
E Z P G S N I Y O Z F R N Y T
F V S I I I K D D U A G S X
C S N P C C V Q X M N H M W S
```

AUNT GRANNY'S	AVIARY	CINNAMON BREAD
COUNTRY MUSIC	DOLLY PARTON	GLASSBLOWING
HOMESPUN FUN	LIGHTNING ROD	MOUNTAIN HOME
PIGEON FORGE	SHOWS	SPLASH COUNTRY

Biltmore

```
I  R  O  G  Z  B  O  Z  I  H  W  P  K  S  K
V  B  A  P  P  E  N  D  E  C  T  O  M  Y  U
A  O  V  Q  E  L  L  I  V  E  H  S  A  E  Y
N  V  E  G  A  D  E  D  L  I  G  C  D  G  C
D  X  R  U  H  L  D  N  Z  N  Q  I  S  C  D
E  Y  Q  E  N  O  S  B  F  L  T  H  G  W  U
R  B  E  U  S  E  Y  D  S  H  J  O  U  Z  N
B  I  Z  O  A  D  O  L  D  H  P  H  S  N  P
I  V  L  C  R  J  O  R  C  D  I  A  V  D  T
L  E  A  N  T  L  E  R  H  I  L  L  P  N  A
T  S  R  R  M  S  Z  B  Y  X  C  Y  O  W  T
S  X  F  S  S  P  Z  H  A  G  S  I  P  H  Z
S  U  T  E  U  Q  S  E  U  A  E  T  A  H  C
J  E  R  I  D  J  V  B  A  S  S  P  O  N  D
D  F  H  S  J  B  Z  D  V  K  Q  C  Y  B  U
```

ANTLER HILL	APPENDECTOMY	ASHEVILLE
BASS POND	CHATEAUESQUE	EDITH DRESSER
GILDED AGE	HUNT	OLMSTED
PISGAH	SHILOH	VANDERBILTS

Welcome to South Carolina

Across

4 South Carolina is named after this English king.

6 This tree is pictured on the South Carolina flag.

8 Author Edgar Allan Poe spent part of his brief military career at this fort.

9 This city boasts 1,400 historic buildings, including the Old Slave Mart Museum.

11 The Military College of South Carolina.

12 The first battle of the Civil War was fought at this fort.

13 This river along the Georgia border is famous for its whitewater rafting.

Down

1 Born into slavery, this South Carolinian became the first African American to serve in the U.S. House of Representatives, in 1870.

2 Visit this beach to find Broadway on the Beach, the state's largest entertainment and shopping venue.

3 At 420 feet, Raven Cliff Falls is South Carolina's tallest of these.

5 South Carolina is one of only a few states where one can find this, the state's gem.

7 The largest Native American tribe in South Carolina when the Europeans arrived.

9 In 1886, the largest earthquake ever recorded in the southeastern United States hit this city.

10 Capital of South Carolina.

Cowpens
National Battlefield

```
I T A R L E T O N T O D Z O X
U N I B A C G O L E O D Z N C
L W Z F F Y Y V J V L V J Q R
J K P D G J X E E K O R E H C
N T N E M U N O M U E S U M U
A U J Z T O N S S R A E B D E
G N M I L L S G A P R O A D Q
R I N D E P E N D E N C E F W
O R E V O L U T I O N A R Y C
M N A Y T Q P H M A T J D Y M
Z Y R O T S I H G N I V I L G
R Q Q N F R X Z L T D N K I S
K R A P L A N O I T A N W Z B
C Z Z D K N L Q A K V L R H G
Z G U P I R W P X P X P B N S
```

CHEROKEE	ED BEARSS	INDEPENDENCE
LIVING HISTORY	LOG CABIN	MILLS GAP ROAD
MONUMENT	MORGAN	MUSEUM
NATIONAL PARK	REVOLUTIONARY	TARLETON

Old Salem Museum & Gardens

```
Z  W  I  N  K  L  E  R  B  A  K  E  R  Y  Q
I  R  H  S  Z  L  C  F  M  K  P  L  G  K  H
S  G  E  A  R  M  H  E  D  S  R  I  R  M  I
X  N  Q  F  N  T  S  V  A  B  G  V  Z  G  D
V  I  G  H  C  D  Z  B  Y  N  V  I  S  R  D
R  T  A  X  A  G  I  O  O  Q  Z  N  H  L  E
R  L  R  L  C  W  N  C  F  O  G  G  F  A  N
F  I  D  K  A  Y  Q  M  R  M  W  H  Q  I  T
P  U  E  U  Z  C  T  R  E  A  I  I  G  N  O
D  Q  N  P  C  S  L  E  S  G  F  S  Y  O  W
A  X  S  Q  G  N  G  U  T  A  P  T  O  L  N
S  A  L  E  M  T  A  V  E  R  N  O  S  O  I
S  N  A  I  V  A  R  O  M  Z  C  R  V  C  L
M  B  T  P  T  C  H  T  O  T  F  Y  H  X  K
V  Z  C  H  T  I  M  S  K  C  A  L  B  S  H
```

BLACKSMITH	COLONIAL	DAY OF REST
GARDENS	HANDICRAFTS	HIDDEN TOWN
LIVING HISTORY	MESDA	MORAVIANS
QUILTING	SALEM TAVERN	WINKLER BAKERY

Raleigh & Durham

```
V Q R T N B O C W L E M U R S
T G T H E T R I A N G L E L T
B F C L R F W D O B A M Y O Q
A L D L S P W L D M I M B T B
D E T L N Z G K Y H L A L T J
M N C T D F J Y K K C E S E W
I T H P U C K D F C B G E N H
N R E Z P S S B O N X G I A I
T O R P Z Z B T E Z M Q R L R
O P O Q Q T R D X Q N W E P L
N O K N W A L U M F J K W Y I
V R E J I O W Y I L F X E L G
F G E L G L Y T T O Q U R I I
E A R E S E A R C H V S B A G
T N E N S Y E L L O R T T D S
```

BADMINTON	BREWERIES	CHEROKEE
DAILY PLANET	FLENTROP ORGAN	GOLDEN BELT
LEMURS	RESEARCH	THE TRIANGLE
TOBACCO TRAIL	TROLLEYS	WHIRLIGIG

Southeastern Islands

Decode the names of these southeastern islands.

1. North Carolina island named after the Pamunkey nation, not a small primate

LNMJDX HRKZMC

2. Former home of author Ernest Hemingway, from 1931 to 1939

JDX VDRS

3. Those "OBX" bumper stickers refer to this string of North Carolina peninsulas and barrier islands

NTSDQ AZMJR

4. South Carolina barrier island and resort town known for its beaches and golf courses

GHKSNM GDZC

5. North Carolina island known for its herd of wild ponies, historic 1823 lighthouse, and British cemetery

NBQZBNJD

6. This South Carolina island was the setting of an Edgar Allan Poe story

RTKKHUZM'R HRKZMC

7. Georgia island named after the pirate whose treasure is said to be buried there

AKZBJADZQC HRKZMC

8. Home to the Georgia Sea Turtle Center, which rescues and rehabilitates sea turtles

IDJXKK HRKZMC

9. Thin barrier island off the Gulf Coast of Mississippi was a biological weapons testing site during World War II

GNQM HRKZMC

10. This Louisiana island is actually a huge dome of rock salt and the source of Tabasco sauce

ZUDQX HRKZMC

Southeastern College Tour

Unscramble these terms relating to southeastern colleges.

1. Durham, North Carolina, home of the Blue Devils

KUED

2. Alabama State University mascot

HORTEN

3. Alabama's historically African American university cofounded by Booker T. Washington

KEEGUSTE

4. City in which Florida State University is headquartered

SEASALTHEAL

5. The University of Georgia is located in this town named after a Greek city

SHANTE

6. This South Carolina university is the home of the Tigers

SMONCLE

7. Nashville, Tennessee, university named after the New York railroad magnate who endowed it in 1873—in spite of having never visited the South

DIVABLERNT

8. The state military college of South Carolina

DEALICT

9. Mascot of the University of Arkansas in Fayetteville

BOCARZARKS

10. Nobel Prize–winning author William Faulkner attended the University of Mississippi in this town

DROXOF

Charleston, South Carolina

```
C S N O I T A T N A L P F F T
E A C Q K Y L K G O W P K G X
G M F I N J K H A L L U G F W
D S A N N E B O N N Y R Q D P
I H H B M C U L R V G I N V D
R W R Y L G G Y Z X Q X I J N
B U Y F O R T S U M T E R B Y
L V Q Q R A I N B O W R O W M
E V T K D K G J M D Z F Q Y U
N J J D A N C E C R A Z E H G
E I S N A I D N I O B A S U C
V G A D S D E N S W H A R F D
A G B E S U O H K N I P S H G
R A K I N G C H A R L E S I I
R T H E H O L Y C I T Y D L F
```

ANNE BONNY	CUSABO INDIANS	DANCE CRAZE
FORT SUMTER	GADSDEN'S WHARF	GULLAH
KING CHARLES II	PINK HOUSE	PLANTATIONS
RAINBOW ROW	RAVENEL BRIDGE	THE HOLY CITY

Jacksonville, Florida

```
F P E N I L E R O H S T S O M
F R L W I V J F M K S B T T W
K E D D S A X E I B I Q I S N
L M G I C N Y R L H L S M R A
A M A R K D J I V D E T U T V
R U T K U R A F B E N J C H A
G C O E M E Z T Q L T O U E L
E Q R M Z W Z A M K F H A P B
S T B C R J F E P B I N P L A
T V O I C A E R Y T L S E A S
C I W U Y C S G Z L M R O Y E
I K L X Q K T E R C S I P E S
T X I U W S C T F O Y V L R D
Y R K R O O A E M I A E E S Y
D T V O M N P M N X M R H A H
```

ANDREW JACKSON	CUMMER	GATOR BOWL
GREAT FIRE	JAZZ FEST	LARGEST CITY
MOST SHORELINE	NAVAL BASES	SILENT FILMS
ST. JOHN'S RIVER	THE PLAYERS	TIMUCUA PEOPLE

Kennedy Space Center

```
M T A C S H U T T L E M V S Y
Q H O Z M S P A K U P L J K N
R C D I X I I M D W O I C Y B
F N Z Q B M B T U B C G K L M
T U T V G I B R N R S K Y A K
S A S A N S E F F A E U M B C
C L C Z C A W C H W L I S E O
I M Y S L O S A L Y E T S E R
T A W O J V E A I H T V A O N
O Z C O G U M R Q I S S N R O
B I W R T S A O C E C A P S O
O C B S O U J H G Z C J L P M
R X R O C K E T G A R D E N F
N X C Y J O M B F P Q O C U C
K Q M D Q L P R F P S N I X Q
```

ATLANTIS	ISS	JAMES WEBB
LAUNCH	MOON ROCK	NASA
ROBOTICS	ROCKET GARDEN	SHUTTLE
SKYLAB	SPACE COAST	TELESCOPE

Miami, Florida

```
J  M  B  H  R  V  N  Y  G  O  N  D  O  B  E
C  C  B  K  I  J  Y  Q  F  P  G  D  O  B  C
G  R  T  Y  C  F  T  B  E  F  O  E  O  T  R
W  O  E  G  O  L  I  N  M  I  H  Y  C  U  U
D  Q  L  L  R  O  C  V  A  N  C  H  E  V  I
U  U  E  A  A  R  C  D  L  A  O  F  D  P  S
X  E  M  C  L  I  I  X  E  N  E  Y  T  Y  E
R  T  U  I  W  B  G  U  F  C  L  T  R  P  C
A  A  N  P  A  B  A  Y  O  E  L  V  A  D  A
K  S  D  O  Y  E  M  R  U  C  A  Z  J  I  P
J  H  O  R  S  A  Q  J  N  E  C  W  D  L  I
Z  Z  A  T  Z  N  C  A  D  N  G  P  K  Y  T
T  E  Q  U  E  S  T  A  E  T  F  G  K  P  A
H  R  H  A  V  Z  J  H  R  E  U  R  V  E  L
U  Z  Q  L  E  Z  Y  G  H  R  F  G  A  E  Z
```

ART DECO	CALLE OCHO	CORAL WAY
CROQUETAS	CRUISE CAPITAL	FEMALE FOUNDER
FINANCE CENTER	FLORIBBEAN	MAGIC CITY
TELEMUNDO	TEQUESTA	TROPICAL

Southeastern Beaches

Match the beach to its state.

1. ____ Miami Beach, Fort DeSoto State Park,   **A.** *MISSISSIPPI*

Clearwater Beach, Cocoa Beach

2. ____ Nags Head, Hatteras, Oak Island,   **B.** *NORTH CAROLINA*

Kure Beach

3. ____ Savannah River Beach, Tybee Island Beach,   **C.** *SOUTH CAROLINA*

Driftwood Beach, St. Andrews Beach

4. ____ Gulfport Beach, Biloxi Beach, Horn Island,   **D.** *GEORGIA*

Ship Island

5. ____ Folly Beach, Kiawah Island, Myrtle Beach,   **E.** *LOUISIANA*

Hilton Head

6. ____ Orange Beach, Gulf Shores, Dauphin Island,   **F.** *ALABAMA*

Bon Secour

7. ____ White Sands Lake Day Beach, Cypremort Point   **G.** *FLORIDA*

State Park, South Toledo Bend State Park

Coral Castle

```
N Q N A I V T A L B Q C T Q F
I J X T Q J S R O C K G A T E
Q I B A S T N E C N E T P H M
X C M R A U O W L X D H Y V Y
E E I A G N E S S C U F F S S
T W L B S I V Q M M J U H J T
V M A G N E T S F Y Q O L J E
N E E T X I S T E E W S G L R
Z Z C I D N Q E X Q F C U U Y
S A A N B D U J H L W Z G E E
F E L N I N L A K S D E E L J
U B P K F C R M E G A L I T H
Q Q S S T E L H P M A P K D J
B C D S X G W C A R V I N G J
D Q E G D N C C X O W C N I T
```

AGNES SCUFFS	CARVING	ED'S PLACE
LATVIA	LEEDSKALNIN	MAGNETS
MEGALITH	MYSTERY	PAMPHLETS
ROCK GATE	SWEET SIXTEEN	TEN CENTS

Fort Myers, Florida

```
T  R  S  E  O  G  N  A  M  E  H  T  B  G  C
D  T  Z  O  V  K  T  D  P  U  E  Q  E  R  Y
F  K  A  E  G  D  I  R  B  N  O  S  I  D  E
E  A  M  N  O  S  I  D  E  S  A  M  O  H  T
Y  E  C  M  B  M  A  V  O  O  J  H  W  R  B
V  S  M  L  A  P  F  O  Y  T  I  C  K  M  N
L  I  S  E  E  T  A  N  A  M  I  U  D  B  S
N  G  E  H  O  S  X  F  I  V  X  Z  M  G  U
N  E  D  T  S  A  O  C  F  L  U  G  K  W  G
E  R  T  A  E  H  T  E  D  A  C  R  A  A  A
W  S  R  A  W  E  L  O  N  I  M  E  S  J  R
J  C  A  P  T  G  O  N  Z  A  L  E  Z  S  S
H  O  W  A  V  K  X  Q  E  D  B  Q  S  D  A
I  W  Z  D  R  O  F  Y  R  N  E  H  W  Q  N
R  E  D  S  O  X  Y  X  L  J  X  D  Q  L  D
```

ARCADE THEATRE	CAPT. GONZALEZ	CITY OF PALMS
EDISON BRIDGE	GULF COAST	HENRY FORD
MANATEES	RED SOX	SEMINOLE WARS
SUGAR SAND	THE MANGOES	THOMAS EDISON

85

Tampa & St. Petersburg, Florida

```
S  N  P  R  O  M  E  N  A  D  E  T  Y  D  H
L  W  C  K  X  B  A  O  K  N  U  A  A  N  S
E  H  A  C  D  U  B  E  S  Z  C  C  W  A  H
J  T  U  I  R  S  C  F  N  P  K  T  G  S  Z
K  D  X  G  A  C  F  I  E  F  W  I  N  E  Q
I  D  I  A  O  H  X  A  D  P  V  F  I  T  O
O  A  G  R  B  G  K  Q  R  H  K  S  M  I  T
X  L  R  S  E  A  L  U  A  N  U  Q  E  H  T
T  I  A  O  L  R  A  A  G  O  O  T  H  W  P
U  M  N  H  F  D  D  R  N  P  D  G  T  T  I
U  U  D  C  F  E  M  I  E  R  G  G  S  O  V
Z  S  P  N  U  N  L  U  K  A  C  H  E  Z  O
O  E  R  A  H  S  O  M  N  T  P  G  N  R  U
P  U  I  R  S  W  N  G  U  S  I  M  R  L  V
C  M  X  O  D  D  B  C  S  X  B  D  E  P  Q
```

AQUARIUM	BUSCH GARDENS	CIGARS
DALI MUSEUM	ERNEST HEMINGWAY	GRAND PRIX
PROMENADE	RANCHOS	SHUFFLEBOARD
SUNKEN GARDENS	TARPON	WHITE SAND

Great American Road Trip #4
The Southwestern States

UTAH

COLORADO

NEW
MEXICO

OKLAHOMA

ARIZONA

TEXAS

Cherokee Strip Regional Heritage Center

```
Y  K  L  H  X  Y  O  N  Y  F  S  O  E  P  H
R  A  I  W  V  B  W  V  Y  K  R  J  C  G  G
O  K  A  G  R  I  L  F  P  G  E  W  I  R  I
T  C  R  I  L  L  W  S  V  T  N  W  F  S  R
S  A  T  M  A  L  C  A  R  B  O  P  F  R  E
I  U  M  T  N  H  N  G  W  Z  O  A  O  E  L
H  Q  L  T  D  U  Q  D  Z  H  S  D  D  D  B
G  U  O  B  R  M  K  N  L  F  S  T  N  A  A
N  A  H  S  U  P  E  A  Y  A  D  W  A  E  T
I  T  S  Q  N  H  U  L  H  F  W  I  L  T  R
V  U  I  P  V  R  R  I  S  E  S  N  T  S  O
I  A  H  L  D  E  E  O  G  W  L  K  L  E  P
L  H  C  S  R  Y  R  E  M  O  V  A  L  M  O
R  C  M  I  H  J  J  Z  M  I  Y  E  O  O  R
D  T  U  R  K  E  Y  C  R  E  E  K  A  H  Y
```

BILL HUMPHREY	CHAUTAUQUA	CHISHOLM TRAIL
HOMESTEADERS	LAND OFFICE	LAND RUN
LIVING HISTORY	OIL AND GAS	PORTABLE RIG
REMOVAL	SOONERS	TURKEY CREEK

Fort Gibson

```
F Z L I V I N G H I S T O R Y
E M L M P T W N O V P P X Z C
G T K V U J P L H U K L U I P
A U F J I Q P S V L Z V F X Q
S R E I D L O S O L A F F U B
O W R G T L B C H E R O K E E
K A N G V R R R Z X Q N G M Z
M N A V A L B A T T L E H W W
B T S E W G N I R O L P X E D
R E H T A E W T S E I L R A E
S T O C K A D E F Y G G U L A
I Q S K R O F E E R H T G R A
B Q Y T A E R T T S R I F R Y
A P W B Y O D S O W K R W J D
D X L A V O M E R N A I D N I
```

BUFFALO SOLDIERS	CHEROKEE	EARLIEST WEATHER
EXPLORING WEST	FIRST TREATY	INDIAN REMOVAL
LIVING HISTORY	NAVAL BATTLE	OSAGE
STOCKADE	THREE FORKS	WPA

Dallas & Fort Worth, Texas

```
E  B  A  V  T  F  H  K  B  X  R  G  V  G  O
E  G  A  Y  B  O  R  H  O  O  D  B  T  M  L
O  C  I  R  O  L  K  L  O  F  M  C  X  U  O
G  A  D  A  F  F  R  L  N  R  R  V  W  E  N
C  R  F  N  O  H  F  M  O  W  A  D  Q  S  G
S  Q  W  H  D  H  Z  B  B  P  F  A  N  U  H
T  P  G  U  T  O  G  F  N  G  H  L  U  M  O
R  U  C  X  Q  N  G  V  R  L  S  K  V  L  R
O  Y  I  S  S  N  X  H  A  E  A  C  G  R  N
P  S  M  U  E  S  U  M  M  A  N  T  E  I  V
S  T  I  I  X  E  L  P  O  R  T  E  M  G  V
R  Z  B  X  U  U  K  V  T  N  K  E  X  W  O
U  E  L  A  H  S  T  T  E  N  R  A  B  O  K
O  L  S  D  R  A  Y  K  C  O  T  S  M  C  E
F  Y  Z  L  H  S  P  E  E  D  W  A  Y  M  F
```

BARNETT SHALE	COWGIRL MUSEUM	FOLKLORICO
FOUR SPORTS	GAYBORHOOD	LONGHORN
METROPLEX	NASH FARM	SIXTH FLOOR
SPEEDWAY	STOCKYARDS	VIETNAM MUSEUM

Washington-on-the-Brazos

```
P H K W H D X N Z C S O N E G
G Q N W K E Q I S I E I F R O
D P B O V S V Y E L T N E T F
S Q R M L C H W N B A D N X T
B W E A T E F K O U G E I R Y
L Y P O G N C W J P E P N E S
U E U U K D O J N E L E Y V M
E I B S H A N X O R E N T O S
B U L D Y N V S S F D D F L T
O B I K A T E O N O F E I U K
N O C C A S N N A R L N F T X
N B O M A E T A D A E C Z I W
E O F B J W I J P T I E Z O H
T S T H S T O E H S A I S N E
S G X T S A N T A A N N A I R
```

ANSON JONES	BLUEBONNETS	CONVENTION
DELEGATES	DESCENDANTS	FIFTY-NINE
INDEPENDENCE	REPUBLIC OF TX	SANTA ANNA
STAR OF REPUBLIC	TEJANOS	TX REVOLUTION

Southwestern Ghost Towns

Mark the box of the correct ghost town fact.

1. The ghost town of **Black Rock, Arizona**, near the Virgin River Gorge in the NW corner of the state along the Utah-Arizona state line, has one boarded-up, abandoned _____ that can be seen along Interstate 15.

- ☐ A. Church
- ☐ B. Building
- ☐ C. Mine
- ☐ D. Fort
- ☐ E. Factory

2. Ghost town **Berlin, Nevada**, was founded in 1897 after finding _____ in the neighboring hills. Over 70 structures were built during the boom period and several have been maintained to this day.

- ☐ A. Gemstones
- ☐ B. Copper
- ☐ C. Silver and gold
- ☐ D. Oil shale
- ☐ E. Diamonds

3. The ghost town of **Cisco, Utah**, was established in the 1880s and served as a _____ along the Denver and Rio Grande Railroad. Building shells, old vehicles, and debris are what remains.

- ☐ A. Post office
- ☐ B. Cattle yard
- ☐ C. Rest stop
- ☐ D. Watering stop
- ☐ E. Staging area

4. The 1913 zinc mining ghost town of **Picher, Oklahoma**, suffered from a one-two punch of toxic metal contamination followed by a destructive _____, leading to its abandonment.

- ☐ A. Tornado
- ☐ B. Fire
- ☐ C. Chemical spill
- ☐ D. Flood
- ☐ E. Snowstorm

5. The ghost town of **Stiles, Texas**, became the original _____ of Reagan County in 1903. Bypassed by the railroad and a nearby oil field find, a shell of the courthouse is all that remains.

- ☐ A. Trading post
- ☐ B. Commerce center
- ☐ C. County seat
- ☐ D. Telegraph station
- ☐ E. Detention center

6. The ghost town of **Steins, New Mexico**, founded in 1857 as a stop on the Birch _____ route, soon expanded with mineral deposits found nearby but was abandoned at WWII's end.

- ☐ A. Railroad
- ☐ B. Stagecoach
- ☐ C. Trolley
- ☐ D. Telegraph
- ☐ E. Pony Express

7. The ghost town of **Caribou, Colorado**, was founded in 1870 to house silver miners. The town had one church, three saloons, a brewery, and its own _____. Fire burned the town in 1879.

- ☐ A. Jail
- ☐ B. Country market
- ☐ C. Justice of the peace
- ☐ D. Show hall
- ☐ E. Newspaper

8. Ghost town **Center Point, Texas**, in the NE part of the state, was settled in 1865 by _____ . The settlement had a brick kiln, sawmill, cotton gin, Baptist church, and schoolhouse.

- ☐ A. Freed slaves
- ☐ B. Pioneers
- ☐ C. Confederate soldiers
- ☐ D. German immigrants
- ☐ E. Mexicans

Houston, Texas

```
B L Z S O A H Y U L M X L G M
O Q P R E L W A P Q I X A L I
T Q O A D E D F A F N H K T S
P V R C O O R J L S T C K L S
P N T T R I S A L A E H B T I
O W O R K G O Z E M R R L R O
T O F A C V R G N H N A A W N
E T H K O B C C B O A S C M C
L H O I T Y H I R U T T K Q O
D U U T S V E C O S I R M F N
N A S F E G S T T T O O E V T
I B T P V R T Z H O N D C N R
P G O I I K R Y E N A O C J O
S Y N B L Q A D R Y L M A Q L
A H U W K X C F S Q N E D T Y
```

ALLEN BROTHERS	ART CARS	ASTRODOME
BLACK MECCA	DR.'S ORCHESTRA	H-TOWN
INTERNATIONAL	LIVESTOCK RODEO	MISSION CONTROL
PORT OF HOUSTON	SAM HOUSTON	SPINDLETOP

Austin Music and Arts

```
W F B L E E G U M L A U F J T
F Y C S L N X H V E K F G D E
M A T W A I F O X S V A W O L
T S E I T T N S A H B N C B J
N F E E N S T L J E N B M L C
U W R T E U D A A C O F U K Z
O J T R N A G R N W S X S T S
M R S A I T Y U I A G F E Q S
A Z H C T E U M S M O X U L K
R C T I N L G L J V H J M G B
A E X X S L H D O B Q O L D Y
P M I E C A S G P X I X V L L
F A S M E B I J L O E Y D O C
Q Z D E H S Y K I K Y V R Y U
Y G D J T R W Q N I Y N C J I
```

ACL	BALLET AUSTIN	GWC MUSEUM
JANIS JOPLIN	MEXIC-ARTE	MURALS
PARAMOUNT	SIXTH STREET	STUBBS
SXSW	THE CONTINENTAL	UMLAUF

San Antonio, Texas

```
K C I U N N Z B M W W P J E X
Y R F H A C Y A A A G Y L J O
V L S O C Q A S N K K C J O S
Q I J D E Y N I A L I J D T L
K A X F T T A C M A U I S H A
M R V W L I G T R W X Z O E D
S T C X I C U R E R L B R A E
R O P J U Y A A G E Y T E L M
E C E Q H R N I S V G E U A A
D A B K A A A N A I I G Q M T
I T S L O T Y I X R X M A O S
R C W L C I V N E I G F V T E
W G V P S L G G T A X Q U L I
O G S N O I S S I M E V I F F
L R C H V M L M C M F O P J K
```

BASIC TRAINING	COAHUILTECAN	FIESTA MEDALS
FIVE MISSIONS	LOW RIDERS	MILITARY CITY
RIVER WALK	TACO TRAIL	TEXAS GERMAN
THE ALAMO	VAQUEROS	YANAGUANA

The Alamo

```
V T N E P N A F Z C K Z G D Y
R T N T G O S J R E U S N M M
L X N T K I Q S D S I A O Q R
S D A E C S S I D K X N I Z A
Y H U K D S P E M N P T T K N
K X J C R I Z G Z U H A U C A
E G K O T M U E Z R I A L A I
Y X X R F H U O L T L N O R X
T T F C Q S I F T Y C N V R E
O V Q Y H I M B C R O A E A T
T G S V S N Q E H O L K R B H
E P A A J A P X A T L H X G E
X K L D X P D A P S I Z T N I
A T O A X S W R E I N V V O Y
S H B K E O K G L H S Y E L O
```

CHAPEL	DAVY CROCKETT	DRT
HISTORY TRUNKS	KEY TO TEXAS	LONG BARRACK
PHIL COLLINS	SANTA ANNA	SIEGE OF BEXAR
SPANISH MISSION	TEXIAN ARMY	TX REVOLUTION

Southwestern Ranch Life

True or false?

1. *Vaquero* is the Spanish word for cattle driver.

   ☐ *True*
   ☐ *False*

2. The ranch overseer manages day-to-day ranch operations.

   ☐ *True*
   ☐ *False*

3. "Dude" or guest ranches are those that cater to tourists.

   ☐ *True*
   ☐ *False*

4. The first ranch in the U.S. dates back to 1658, on Long Island, NY.

   ☐ *True*
   ☐ *False*

5. Ranching is defined as the practice of raising crops.

   ☐ *True*
   ☐ *False*

6. Employees of a rancher include cowboys.

   ☐ *True*
   ☐ *False*

7. Ranching and the cowboy tradition originated in Mexico.

   ☐ *True*
   ☐ *False*

8. Ranching is raising grazing livestock, including cattle, but not sheep.

   ☐ *True*
   ☐ *False*

9. Wranglers are employed to handle horses professionally.

   ☐ *True*
   ☐ *False*

10. Open-range grazing ended due to overgrazing.

   ☐ *True*
   ☐ *False*

Guadalupe Mountains National Park

```
T O P O F T E X A S J X O D K
E F F D J Q L L R D J P W N T
L O X T N F G L H B Z Z N D T
C F D M H V U A U J Q S I L A
A E I E C B A H X B Y C B E R
P E F S N P D S G I Q A A I P
I R X C A J A L F R C L C F E
T N E A R O L I K D W C E R C
A A U L E D U V E I F I N E A
N I E E L J P E X N O T O T L
B M C R O P E D O G J E T T L
K R O O J U P O W E O S S U A
F E C Y I Y E D R V P P P B W
P P A P R Y A K D V M A F C Z
N P J L F C K D G O Q R G J G
```

BIRDING	BUTTERFIELD	CALCITE SPAR
DEVIL'S HALL	EL CAPITAN	FRIJOLE RANCH
GUADALUPE PEAK	MESCALERO	PERMIAN REEF
STONE CABIN	TOP OF TEXAS	WALLACE PRATT

Roswell, New Mexico

```
B Y V Y M O G U L B W Y M Z F
F D R A G O N F L I E S G O L
A W D V Q D Y O Y Z L B Y H L
R G O D D A R D R O C K E T S
E U W O V B H O Z S L O R L H
K X P F M M E V K E S V W C V
L P K J N R M U E S U M O F U
A V U F O I N C I D E N T I E
W Y M P L A N E T A R I U M E
M L I M E J E R S E Y S C G F
W L Y A R K F V F B K P K B I
W L E Z A R B C A M K E J P A
K K U W G E R M A N P O W S T
E N O L A G A Y Y O X M I I X
L R E D B U L L S T R A T O S
```

DRAGONFLIES	ENOLA GAY	GERMAN POWS
GODDARD ROCKETS	LIME JERSEYS	MAC BRAZEL
MOGUL	PLANETARIUM	RED BULL STRATOS
UFO INCIDENT	UFO MUSEUM	WALKER AFB

Albuquerque, New Mexico

```
L A W N P Y W N I I J Z X O I
D A H S U W N C V P M W F X E
Z C Q G F O L B E U P E F R N
C X Z O S H P Y L G O R T E P
F W S O L D T O W N G T X N I
W D R N D U K E C I T Y C N L
S T H G I L T H G I N N F U W
N Q Z P R L H Z C T T O K R E
V E O G Q W O K S B I F C D L
S E B I R T G X S O K N V A J
X L K V H R C T Q C S R A O L
X I S Y T X I S E T U O R R O
A T S E I F N O O L L A B S T
C W A Y D O W Z C D K J W N J
K E S T E V A N I C O W T Q L
```

BALLOON FIESTA	DUKE CITY	ESTEVANICO
NHCC	NIGHT-LIGHTS	OLD TOWN
PETROGLYPHS	PUEBLO	ROADRUNNER
ROUTE SIXTY-SIX	TIN ART	TRIBES

White Sands National Park

```
A O T J B V L R C I L H I M S
V K O G B G Y K C C N J G E A
K V M Z E L N Q Q U Q Y Q T N
Q X L O Q V S I K I P M G S D
W B L P T O I S D P R K Y S
R O A I G H N R U D O K D S T
E A O S O Q A M D U E L U E A
V R D P K N S P N S T L S N Y
O D S U P A F D A H E T S U S
O W E D N O S O A L Q N B D C
H A Q D R L A O S T O B U I O
S L Q Y O O U I O S X O B D O
E K X T X D J F C K I B Z U L
R B H J W S R C B L Z L L A P
P S M I L I T A R Y K W S U W
```

BOARDWALK	DUNES DRIVE	DUNE SYSTEM
GROUND SLOTHS	GYPSUM SAND	LION FOSSILS
MILITARY	MOTHAPALOOZA	ORYX
PRES. HOOVER	SAND STAYS COOL	SLEDDING

Gila Cliff Dwellings National Monument

```
I  H  N  E  L  E  C  V  W  D  M  P  V  V  X
S  O  B  C  E  N  D  H  B  U  N  K  L  T  I
T  H  Q  T  H  I  L  J  M  S  O  S  H  F  R
M  O  P  L  C  P  A  K  S  H  L  C  M  K  V
O  K  I  E  A  A  J  J  E  P  L  P  R  R  R
G  A  K  V  P  S  U  U  V  A  O  R  I  U  O
W  M  Z  E  A  O  R  N  A  R  G  E  F  I  S
S  B  F  S  Z  R  Y  V  C  G  O  H  E  N  E
N  R  L  O  N  E  D  A  E  O  M  I  Y  S  I
I  A  C  O  F  D  U  W  V  T  M  S  Z  Q  M
U  C  E  R  O  N  T  E  I  C  X  T  M  S  M
R  E  Q  S  Q  O  Y  B  F  I  K  O  S  R  U
J  L  E  E  E  P  I  H  T  P  W  R  N  E  M
T  E  D  R  X  P  G  Y  E  C  C  I  U  G  B
T  T  O  P  G  G  K  Q  Y  I  K  C  C  Q  P
```

APACHE	FIVE CAVES	HOHOKAM BRACELET
JURY DUTY	MOGOLLON	MUMMIES
PICTOGRAPHS	PONDEROSA PINE	PREHISTORIC
PRES. ROOSEVELT	RUINS	TJ RUIN

Tumacácori
National Historical Park

```
K  B  Z  B  Z  U  X  O  F  S  V  A  B  S  L
G  I  B  S  E  C  A  Z  A  N  J  P  V  L  D
Z  R  A  D  X  R  N  T  T  O  M  A  S  E  K
H  D  S  L  C  N  Z  O  H  I  R  C  Y  D  A
L  W  K  R  H  W  A  R  E  S  A  H  X  O  U
C  A  E  B  I  Q  T  T  R  S  K  E  T  M  X
Y  L  T  R  H  G  R  I  K  I  D  R  G  E  M
O  K  W  S  U  C  A  L  I  M  L  A  V  Z  A
I  S  E  B  A  G  I  L  N  E  S  I  T  I  H
S  V  A  C  H  H  L  A  O  E  F  D  I  S  D
Q  A  V  H  U  C  E  S  A  R  A  S  U  E  O
Q  R  I  Y  A  I  Y  K  F  H  F  P  S  F  O
J  I  N  Y  X  N  W  B  U  T  G  G  E  I  O
S  C  G  R  I  A  C  X  P  L  D  L  J  L  F
C  R  E  V  I  R  Z  U  R  C  A  T  N  A  S
```

ANZA TRAIL	APACHE RAIDS	BASKET WEAVING
BIRD WALKS	CHIHUAHUA	FATHER KINO
JESUIT	LIFE-SIZE MODELS	O'ODHAM
SANTA CRUZ RIVER	THREE MISSIONS	TORTILLAS

Southwestern College Tour

Match the school to its team name.

1. _____ Utah State

2. _____ Arizona State

3. _____ University of New Mexico

4. _____ Baylor

5. _____ Texas Tech

6. _____ University of Colorado

7. _____ University of Arizona

8. _____ Rice

9. _____ Oklahoma State

10. _____ Texas Christian

A. WILDCATS

B. OWLS

C. HORNED FROGS

D. BUFFALOES

E. RED RAIDERS

F. SUN DEVILS

G. COWBOYS

H. AGGIES

I. LOBOS

J. BEARS

Phoenix Curiosities

```
Q W D X N C A E P M S M T J C
U O W R I H S V E I S E G Y K
Q M L V B E I A R E A M Z L M
Q G H S A I T C U L B T U F Y
N J A W C H E T T O E B E S
T E L O V O R A A S T V S R T
J G L K G O C B N A C M I I E
N D O V N P E Q S C O E S F R
Q Z F L I D S N U A L H X A Y
R T F M Y A R R O E U T U M C
T X L L L N E C I R D N E A A
C N A B F C H C R V P A W S S
K R M J Y E S H U O X I Z U T
N O E X G P J A C T P Z H K L
D O A K S T M U R A L S E N E
```

ANTHEM VET. MEM.	BAT CAVE	CURIOUS NATURE
FLYING V CABIN	HALL OF FLAME	HER SECRET IS
HOOP DANCE	KUSAMA FIREFLY	MYSTERY CASTLE
OAK ST. MURALS	OCTOBASS	TOVREA CASTLE

Southwestern Roadside Critters

Match the critter to its description.

1. _____ A solitary rodent that lives in the desert area of Nevada

2. _____ A large desert lizard with sandpaper skin found in Utah

3. _____ Yellow/brown in color and 10 inches long, found in Colorado

4. _____ Antelope native to South Africa found in New Mexico

5. _____ Daytime mammal with pointed snout found in New Mexico

6. _____ A pig-like hoofed mammal found in Arizona

7. _____ A light orange-tan mammal found in Colorado grasslands

8. _____ This burrowing rodent is found throughout western Oklahoma

9. _____ A semiaquatic rodent and ditch/levee digger found in Texas

10. _____ Western hemisphere's fastest mammal, found in Texas

A. PECCARY

B. PRONGHORN ANTELOPE

C. CHUCKWALLA

D. BLACK-TAILED PRAIRIE DOG

E. POCKET GOPHER

F. PREBLE'S MEADOW JUMPING MOUSE

G. NUTRIA

H. COATI

I. SWIFT FOX

J. GEMSBOK

Grand Canyon National Park

```
E R S D O P O I H C A R B N X
B B W E I V T R E S E D O Q R
M I N R D Q O L B E U P A X B
U Z C U R O O S E V E L T R I
L Z L S D Z J U H P S B G R H
E F H X P H G Y B V Y G X A N
R E V I R O D A R O L O C F L
I P L E G N A T H G I R B T Y
D C Q E K L X G K F W N O I Z
E H O P I H O U S E F V B N E
S A N E D R A C N Y H A H G H
V E T G V A X F I E O C L W S
Q M E J D P Q O M O M Z B C V
K A U J A C O B H A M B L I N
S N A S I T R A L A B I R T R
```

BRACHIOPODS	BRIGHT ANGEL	CARDENAS
COLORADO RIVER	DESERT VIEW	HOPI HOUSE
JACOB HAMBLIN	MULE RIDES	PUEBLO
RAFTING	ROOSEVELT	TRIBAL ARTISANS

Zion
National Park

```
S  B  U  F  Y  Z  W  D  D  K  Y  X  M  P  R
X  I  S  S  C  Z  A  V  Y  I  C  N  Z  N  P
Z  L  D  G  Q  C  L  C  P  K  P  F  A  A  D
W  L  D  T  F  C  T  L  J  O  O  I  Q  R  A
C  I  O  Z  O  S  E  M  T  L  W  R  G  R  O
C  Y  J  Q  U  A  R  X  K  O  E  S  V  O  F
P  A  I  U  T  E  S  M  A  B  L  T  Y  W  S
S  A  E  S  Y  E  W  E  Y  A  L  U  Y  S  A
G  T  O  Y  A  L  I  A  A  R  S  T  G  R  N
N  W  E  Y  V  J  G  C  K  C  M  A  N  V  D
F  S  J  O  F  I  G  G  I  H  X  H  S  T  S
A  N  G  E  L  S  L  A  N  D  I  N  G  W  T
S  L  U  F  Y  R  E  F  G  K  V  P  V  T  O
T  M  G  C  M  V  S  R  V  T  Y  U  Z  V  N
F  Y  R  O  T  S  I  H  N  A  M  U  H  N  E
```

ANGEL'S LANDING	FIRST UTAH NP	HUMAN HISTORY
KAYAKING	KOLOBARCH	LDS
MESOZOIC	NARROWS	PAIUTE
POWELL	SANDSTONE	WALTER'S WIGGLES

Bryce Canyon National Park

```
C F Z X D E D P W L P L I D I
Q S N G N S G R K I S E G T E
G X U F A A H A I H R G A S E
M N R J L C X I G M E E B O T
E Y A Z Y R D R D S T N G O U
D E W Y R I U I V C A D N D I
H R K O I A B E E G E P I O A
T H W T A T T D V E H E E O P
G P A D F S A O R O T O O H F
D M H V A D A G Z F I P H T F
P U K K S N R D K E H L S S R
T H C F A A C A I S P E W O J
X W A X E R H Y Q T M N O M I
R J L Z M G E D R D A E N Q Z
Q O B M N Z S S L C C K S J Q
```

AMPHITHEATERS	ARCHES	BLACK HAWK WAR
FAIRYLAND	GEOFEST	GRAND STAIRCASE
J. W. HUMPHREY	LEGEND PEOPLE	MOST HOODOOS
PAIUTE	PRAIRIE DOG DAY	SNOWSHOEING

Southwestern Tasting Tour

Match the favorite foods to their place of origin.

1. ____ Shrimp cocktail, prime rib, sushi, Bloody Mary, chicken wings

   A. *HOUSTON, TX*

2. ____ Carne adovada, calabacitas, sopapillas, red chile enchiladas

   B. *DALLAS, TX*

3. ____ Chowchow Po-Boys, Viet-Cajun crawfish, kolaches, fajitas

   C. *OKLAHOMA*

4. ____ Navajo tacos, posole, Sonoran hot dogs, cheese crisps

   D. *COLORADO*

5. ____ Franklin brisket, Mighty Cone, migas tacos, smoked barbecue

   E. *UTAH*

6. ____ Elk sausage, bison burgers, the Slopper, craft beer, green chili

   F. *NEW MEXICO*

7. ____ Tamales, puffy tacos, guacamole, chilaquiles verdes

   G. *ARIZONA*

8. ____ Barbecue, fried pie, fried okra, fried catfish, biscuits & gravy

   H. *NEVADA*

9. ____ Funeral potatoes, fry sauce, pastrami burgers, green Jell-O

   I. *SAN ANTONIO, TX*

10. ____ Brisket, whiskey cake, chicken-fried steak, corn dogs

   J. *AUSTIN, TX*

Arches National Park

```
Y T W O T H O U S A N D Q Y P
S P I S S O G E E R H T K Q O
N O Y N A C R E I R R A B D H
D O D F Q E U X T L R S N U L
A H C R A E T A C I L E D K V
L E E R R E D R O C K R O L J
J N B L U M O A B F A U L T R
Y S R U O T O T U A H X L S K
U I T J M M E N O T S D N A S
N E I L U J S I N E D P F N E
E U K V N J Z T Y L D S X L E
K W V B A L A N C E D R O C K
B K E L E P H A N T B U T T E
G N I B M I L C K C O R J W W
R P S R U S V E T E J D E R F
```

AUTO TOURS	BALANCED ROCK	BARRIER CANYON
DELICATE ARCH	DENIS JULIEN	ELEPHANT BUTTE
MOAB FAULT	RED ROCK	ROCK CLIMBING
SANDSTONE	THREE GOSSIPS	TWO THOUSAND

Utah Field House of Natural History State Park

```
W  E  Z  Q  F  O  S  S  I  L  F  I  E  L  D
N  O  L  D  S  J  K  O  X  S  Y  Y  C  D  Z
R  E  K  C  U  Q  P  Z  V  Z  Y  U  I  I  X
E  Z  D  E  R  R  Q  U  F  D  F  N  R  P  D
T  S  Q  R  U  B  R  L  Y  X  B  J  O  L  Q
R  N  J  V  A  U  M  Z  M  Q  L  Q  T  O  B
O  P  H  G  S  G  I  M  Y  G  E  Z  S  D  D
P  D  V  N  O  D  R  N  V  W  R  L  I  O  T
T  I  E  E  H  X  L  U  T  X  U  T  H  C  N
R  G  R  V  P  T  G  B  A  A  S  Y  E  U  O
E  S  N  A  A  X  V  P  U  S  B  K  R  S  M
B  I  A  J  D  D  V  Z  G  Y  O  A  P  L  E
L  T  L  G  E  O  L  O  G  Y  I  N  S  O  R
E  E  T  O  O  Y  P  F  L  P  F  G  I  I  F
B  B  F  U  L  L  S  I  Z  E  D  E  K  D  N
```

DIG SITE	DINOSAUR GARDEN	DIPLODOCUS
EDAPHOSAURUS	ELBERT PORTER	FOSSIL FIELD
FREMONT	FULL-SIZED	GEOLOGY
PREHISTORIC	UINTA BASIN	VERNAL

Salt Lake City, Utah

```
P O Z N Y L W P L J U L N M M
E L I K R Z P P A H F X C V T
E Y W D A L U W T D O C R R X
R M R A R E E K T P U C O P V
A P K I B A G A E H O L S I C
U I U L I Z N S R U N F S O X
Q C O U L Z A U D R W K R N X
S S H V C A R Y A M V L O E Q
E Y T T I J H J Y N X J A E H
L T Y F L H C F S M M O D R I
P I S P B A T O A P M J S S K
M C M A U T A C I I G J S E L
E I P F P U S R N Y B V J C Y
T K E M Y X A H T M I M S U B
R S W U R M W N S G Y S O L K
```

CROSSROADS	LATTER-DAY SAINTS	OLYMPICS
PIONEERS	PUBLIC LIBRARY	PUEBLO
SKI CITY	TEMPLE SQUARE	UMFA
U. OF U.	UTAH JAZZ	WASATCH RANGE

Rocky Mountain National Park

```
S  Q  N  C  O  N  T  D  I  V  I  D  E  S  E  R
R  D  T  R  A  I  L  R  I  D  G  E  R  D  N
E  Z  R  K  S  H  Z  U  U  T  Q  N  T  S  O
I  P  A  L  P  I  N  E  Y  J  F  I  W  H  S
C  R  B  P  I  R  Z  K  Q  X  C  W  I  F  M
A  O  E  X  N  Y  L  A  D  A  N  A  C  O  I
L  S  M  O  N  T  A  N  E  Y  W  F  X  R  L
G  P  G  D  O  G  P  P  Z  C  F  L  C  N  L
L  E  N  I  P  L  A  B  U  S  M  L  T  O  S
L  C  S  W  O  D  A  E  M  R  E  V  A  E  B
C  T  N  D  Z  E  B  I  R  T  E  T  U  Q  K
H  O  L  Z  W  A  R  T  H  S  I  T  E  N  M
X  R  P  Z  O  T  V  G  Z  D  M  R  C  J  Q
E  S  N  R  W  F  X  U  T  D  E  C  M  A  U
X  E  A  S  R  G  C  M  R  I  J  U  R  I  O
```

ALPINE	BEAVER MEADOWS	CANADA LYNX
CONT. DIVIDE	ENOS MILLS	GLACIERS
HOLZWARTH SITE	MONTANE	PROSPECTORS
SUBALPINE	TRAIL RIDGE RD.	UTE TRIBE

Denver Sports

```
L  T  S  S  A  R  A  P  I  D  S  R  I  F  S
I  G  O  R  S  M  M  W  K  N  W  F  C  R  Q
A  X  L  N  E  U  F  A  K  G  P  S  A  S  F
R  Y  D  Z  U  E  G  G  U  O  K  M  C  W  E
L  G  O  A  E  G  N  S  C  A  I  L  X  A  K
L  R  U  A  E  Q  G  O  T  O  R  V  Y  L  E
I  C  T  I  V  Q  S  E  I  I  R  V  J  T  L
H  W  S  V  I  A  P  O  T  P  D  D  A  U  Z
Y  N  T  P  Q  A  L  J  C  S  U  N  T  O  T
B  T  R  X  R  X  P  A  X  N  Q  D  A  G  G
U  N  E  K  N  K  V  N  N  O  O  X  Y  B  S
R  V  A  X  F  R  Z  Y  Z  C  G  R  X  C  W
P  Y  K  L  O  A  G  F  N  R  H  Y  B  I  Y
P  G  R  G  E  Q  I  Q  W  A  P  E  D  A  C
S  E  I  K  C  O  R  F  M  A  M  M  O  T  H
```

AVALANCHE	BANDITS	BRONCOS
D. U. PIONEERS	MAMMOTH	NUGGETS
OUTLAWS	RAPIDS	ROCKIES
RUBY HILL RAIL	SKATE PARK	SOLD-OUT STREAK

Bent's Old Fort
National Historic Site

```
V  J  S  F  A  D  O  B  E  T  W  W  R  A  E
B  K  E  L  Y  D  C  Z  E  S  O  V  C  I  I
D  U  B  I  R  A  A  A  Z  E  X  B  K  E  I
L  R  O  A  O  R  S  R  R  W  T  E  I  I  A
E  Y  R  R  T  K  T  E  R  E  R  N  B  O  P
O  D  O  T  S  A  L  L  O  H  A  T  N  I  I
Q  F  L  E  I  N  E  O  I  T  D  S  L  G  C
I  X  A  F  H  S  O  H  K  F  I  T  C  Z  H
O  U  F  A  G  A  F  C  V  O  N  V  Y  Q  E
H  U  F  T  N  S  P  O  E  Y  G  R  G  K  Y
A  J  U  N  I  R  L  K  L  M  P  A  O  W  E
P  U  B  A  V  I  A  O  Y  R  O  I  L  K  N
A  M  F  S  I  V  I  V  J  A  S  N  S  H  N
R  E  S  F  L  E  N  N  V  J  T  C  T  B  E
A  U  H  L  G  R  S  T  F  V  H  O  A  U  Q
```

ADOBE	ARAPAHO	ARKANSAS RIVER
ARMY OF THE WEST	BENT ST. VRAIN CO.	BUFFALO ROBES
CASTLE OF PLAINS	CHEYENNE	CHOLERA
LIVING HISTORY	SANTA FE TRAIL	TRADING POST

Great American Road Trip #5
The Western States

NEVADA

CALIFORNIA

HAWAI'I

San Diego, California

```
T U N A C A P I T A L R H S Y
M G U R U Q C U C S K W G S O
I V K J S E A V I R H T M D S
S P R N S Y B R R I C S E K A
S H H I M X R M T A D O B S N
I D X K I Z I U S F N A G U D
O S M R D R L S I S C E T C I
N E W A W Z L E D D X K H A E
B R E P A I O U P L M U Y D G
A D T A Y Z S M M R T M Z I O
Y A D O S W T O A O Q E I D Z
Y P S B X D A F L W W Y Q O O
E C O L C P T A S L N A H I O
J Y F A S O U R A M I A J U Z
X O R B J F E T G R D Y M R X
```

BALBOA PARK	CABRILLO STATUE	DIDACUS
GAS LAMP DISTRICT	KUMEYAAY	MISSION BAY
MUSEUM OF ART	PADRES	SAN DIEGO ZOO
TUNA CAPITAL	USS MIDWAY	WORLD'S FAIRS

Los Angeles Music and Arts

```
O A P E T E R S E N A U T O R
Z K M N A J O M T O L Q O O E
L O C C R A H C O A V G M H T
I A T Q A E H Y P C O A O K N
V J B L E L T H L G L L C E E
F X O R S H I N A C L W A E C
Z M U A E L U Y E Y S Q C Q Y
Q O O C R A K S W C Y K E G T
N T I V T S T O L V C H Q P T
E D R A I B O A V M C I D H E
C L T H H D O R H K V S M G
C J W J B R C L A P Y T L U E
C G C O D H W K G M I A R N M
T V W P D W L U R I G T Y T H
Q L L S S K I R B A L L S J S
```

GETTY CENTER	**HOLLYWOOD BOWL**	**JANM**
LA BREA TAR PITS	**LACMA**	**LA PHIL.**
MOCA	**MOLAA**	**MUSIC CENTER**
PETERSEN AUTO	**SKIRBALL**	**WHISKY A GO GO**

Western Water Sports

True or false?

1. Go on a kayaking tour to see seals and dolphins in Santa Barbara.

☐ True
☐ False

2. In California, whale-watching tours are only available in San Diego.

☐ True
☐ False

3. Lake Spring Mountain at Pahrump, Nevada, offers water jet-packing.

☐ True
☐ False

4. Kailua Beach is a popular destination for kayaking.

☐ True
☐ False

5. You can go scuba diving just outside of the Las Vegas Strip.

☐ True
☐ False

6. Lake Mead lacks much biodiversity due to its size.

☐ True
☐ False

7. Transpac is a sailing race from California to Hawai'i.

☐ True
☐ False

8. California is the country's most popular surfing destination.

☐ True
☐ False

9. Jet Jam is a Jet Ski race held in Bakersfield, California.

☐ True
☐ False

10. It is illegal to windsurf at public beaches in Hawai'i.

☐ True
☐ False

Venice Beach

```
U C T S T P A J L Z S P T J L
H A R T C R A W L J V Y X P R
C O D P N W F R G W Z O X A Q
P Y L L E P L Q U Y C A N D K
C E F I V R Z H X S B X B D X
B F Q S K L A W D R A O B L F
O H V L L A B T E E R T S E A
M U S C L E B E A C H Y V T D
S H A N D B A L L G Y X X E X
B R E A K D A N C I N G F N M
V B O D Y B U I L D E R S N W
T A T T O O P A R L O R S I X
D R U M C I R C L E Y R Q S O
P Z R E I P W E P M L M Z J A
M S O C L W H A L E R Q M L L
```

ART CRAWL	BOARDWALK	BODYBUILDERS
BREAK DANCING	DRUM CIRCLE	HANDBALL
MUSCLE BEACH	PADDLE TENNIS	PIER
STREET BALL	TATTOO PARLORS	WHALER

Ronald Reagan Library

```
I  I  Z  S  E  I  R  A  I  D  O  C  F  K  B
K  G  L  A  I  R  F  O  R  C  E  O  N  E  F
O  V  A  L  O  F  F  I  C  E  K  X  S  V  X
V  M  J  C  U  E  M  L  H  T  S  S  F  A  C
F  N  O  S  L  L  A  W  N  I  L  R  E  B  Y
N  R  C  M  W  A  C  T  O  R  M  H  E  J  C
I  T  V  Q  M  Z  X  G  Q  H  C  N  Z  S  N
D  X  K  S  E  D  M  O  O  R  T  I  S  I  A
N  G  M  S  I  T  A  V  R  E  S  N  O  C  N
I  E  H  R  P  X  V  J  R  A  W  D  L  O  C
M  I  T  C  A  N  B  E  D  O  N  E  U  K  Z
L  L  T  H  T  E  I  T  R  O  F  X  Z  X  V
B  Z  P  U  T  C  A  K  O  C  Y  X  V  X  F
E  Z  I  E  L  B  R  N  H  M  W  G  B  I  I
Z  T  S  L  L  E  R  R  A  F  O  R  P  R  O
```

ACTOR	AIR FORCE ONE	BERLIN WALL
COLD WAR	CONSERVATISM	DIARIES
FORTIETH	IT CAN BE DONE	NANCY
O'FARRELLS	OVAL OFFICE	SIT. ROOM DESK

Big Sur

```
S N S E D I L S D N A L X K V
X B A E E V Y C O Z B G F W Y
A L L A M E R I C A N R O A D
H C A E B R A L L O D D N A S
B R L B R E D W O O D S W C S
T S A N T A L U C I A M T N S
X A P G W C C D F Q O L S H O
P D S Q N O H T A R A M J L O
D Z S E L C Y C R O T O M U E
W X S G E S U O H T H G I L P
Q R O C O A S T A L P L A N D
I Q S D R A O B L L I B O N T
C O O P E R C A B I N M F H W
I O M V O S L L A F Y A W C M
H B K Q Z H S A X F D W W F O
```

ALL-AMERICAN ROAD	COASTAL PLAN	COOPER CABIN
LANDSLIDES	LIGHTHOUSE	MARATHON
MCWAY FALLS	MOTORCYCLES	NO BILLBOARDS
REDWOODS	SAND DOLLAR BEACH	SANTA LUCIA MTNS.

Western Tasting Tour

Select the word or phrase that makes the statement true.

1. The Las Vegas Smoqued Music, Food, and Beer Festival is a Nevada favorite and features world-class ___.

- ☐ A. *Culinary street food and BBQ*
- ☐ B. *Italian food and wine*
- ☐ C. *Mexican food and margaritas*
- ☐ D. *Fine dining and wine*
- ☐ E. *Fine dining and seafood*

2. The ___ Feast is a 10-day event in Mendocino, California, where visitors can indulge in fine seafood.

- ☐ A. *Lobster*
- ☐ B. *Salmon*
- ☐ C. *Oyster*
- ☐ D. *Shrimp*
- ☐ E. *Crab*

3. The California ___ Festival features live music, chef demonstrations, and a variety of locally grown foods.

- ☐ A. *Fruit*
- ☐ B. *Vegetable*
- ☐ C. *Seafood*
- ☐ D. *Nut*
- ☐ E. *Cheese*

4. The Big Island ___ Festival in Waimea, Hawai'i, presents visitors with savory and sweet options as well as a chance to meet celebrity chefs.

- ☐ A. *Chocolate*
- ☐ B. *Nuts*
- ☐ C. *Pineapple*
- ☐ D. *Poi*
- ☐ E. *Pig*

5. Waikiki SPAM JAM showcases a variety of dishes featuring ___ and is one of the top annual food festivals in Hawai'i.

- ☐ A. *Jam*
- ☐ B. *Spam*
- ☐ C. *Barbecue*
- ☐ D. *Local fruit*
- ☐ E. *Chocolate*

6. The ___ Fest features donuts, beer, and coffee and a competition to name the best donut.

- ☐ A. *Cupcake*
- ☐ B. *Cake*
- ☐ C. *Pastry*
- ☐ D. *Donut*
- ☐ E. *Sweet*

7. The Craft Beer and ___ Festival occurs annually in Homewood, California, and features local vendors and live music.

- ☐ A. *Seafood*
- ☐ B. *Fine Dining*
- ☐ C. *Food Truck*
- ☐ D. *Pasta*
- ☐ E. *Sandwich*

8. The Sierra Nevada ___ and Honey Festival is a family-friendly event in Sparks, Nevada. It features artisan and specialty food vendors, live music, and product demonstrations.

- ☐ A. *Lavender*
- ☐ B. *Lemon*
- ☐ C. *Clover*
- ☐ D. *Milk*
- ☐ E. *Cheese*

Monterey Bay Aquarium

```
Z X N W O R Y R E N N A C S O
F A W S N O W Y P L O V E R S
Y U L Q T S P L A S H Z O N E
S E A F O O D W A T C H Z O M
R N C K J F A C F T E G O W A
E M U B I W B Y Y V Q C W Q Y
T T T L I V E F E E D I N G S
T W A C O Q B U O R N X M H M
O A E S N E P O N W P U Q V P
A S M S Z L R Y S N P C V O J
E L N O I T A V R E S N O C B
S H W H U M P B A C K S M H V
K W H I T E S H A R K S Y Q R
S A N C T U A R Y L B T K X W
N C K T S E R O F P L E K W L
```

CANNERY ROW	CONSERVATION	HUMPBACKS
KELP FOREST	LIVE FEEDINGS	OPEN SEA
SANCTUARY	SEAFOOD WATCH	SEA OTTERS
SNOWY PLOVERS	SPLASH ZONE	WHITE SHARKS

Western College Tour

Match the college to its sports team name.

1. ____ University of Hawaiʻi

                                                   A. *WOLF PACK*

2. ____ Brigham Young University, Hawaiʻi   **B.** *CARDINALS*

3. ____ University of Nevada, Reno   **C.** *TOREROS*

4. ____ Chapman University   **D.** *RAINBOW WARRIORS*

5. ____ Stanford University   **E.** *WAVES*

6. ____ University of San Diego   **F.** *SEASIDERS*

7. ____ University of California, Berkeley   **G.** *TIGERS*

8. ____ Pepperdine University   **H.** *SHARKS*

9. ____ Occidental College   **I.** *PANTHERS*

10. ____ Hawaiʻi Pacific University   **J.** *GOLDEN BEARS*

San Francisco History

```
K W D Z J H T Z G R T K S C Y
T L Z G V L J A N C C J W A Z
R F B P E G O K I S I K I B A
L D D K A V D W D U R M E L H
K K O D R T P D L M T E P E C
L Y Z O T H Y E I M S B K C O
I O A T H Y X L U E I I N A N
M R R C Q H L P B R D W O R X
Y S T O U S U R Y O O U S S S
E O A M A U E E R F R B A H N
V M C B K R N S R L T H M U D
R W L O E D O I E O S L T C C
A V A O N L L D F V A D R H D
H L S M O O H I D E C P O Z G
T X Z N L G O O U G M D F F R
```

ALCATRAZ	CABLE CARS	CASTRO DISTRICT
DOT COM BOOM	EARTHQUAKE	EL PRESIDIO GOLD
FERRY BUILDING	FORT MASON	RUSH
HARVEY MILK	OHLONE	SUMMER OF LOVE

Western Wine Tour

Select the word or phrase that makes the statement true.

1. ___ is famous for its vineyards and offers its visitors the experience of riding the Wine Train.

- ☐ A. Sonoma Valley, California
- ☐ B. Napa Valley, California
- ☐ C. Santa Rosa, California
- ☐ D. Healdsburg, California
- ☐ E. Kenwood, California

2. Sonoma County, California, is home to over ___ wineries.

- ☐ A. 25
- ☐ B. 100
- ☐ C. 175
- ☐ D. 320
- ☐ E. 425+

3. The popular Mai Tai Bar is attached to the famous ___.

- ☐ A. Hawai'i Theatre Center
- ☐ B. Aloha Tower
- ☐ C. Royal Hawaiian Hotel
- ☐ D. Four Seasons Resort Lanai
- ☐ E. Halekulani Hotel

4. ___ is the owner of Vino Italian Tapas & Wine Bar in Hawai'i and the 10th person in the U.S. to complete a Master Sommelier certification.

- ☐ A. Patrick Cappiello
- ☐ B. Ian Cauble
- ☐ C. Michael Engelmann
- ☐ D. Chuck Furuya
- ☐ E. Jeff Porter

5. The island that produces the bulk of Hawai'i's wine is ___.

- ☐ A. Maui
- ☐ B. Honolulu
- ☐ C. O'ahu
- ☐ D. Moloka'i
- ☐ E. Ni'ihau

6. Hawai'i is most famous for producing a type of wine called ___.

- ☐ A. Viognier
- ☐ B. Chenin Blanc
- ☐ C. Syrah
- ☐ D. Malbec
- ☐ E. Fruit Wine

7. Wine first started being produced in Nevada in ___.

- ☐ A. 1925
- ☐ B. 1955
- ☐ C. 1970
- ☐ D. 1990
- ☐ E. 2000

8. California has become recognized as producing some of the world's finest wine and is home to ___ wineries.

- ☐ A. 1,505
- ☐ B. 2,600
- ☐ C. 3,674
- ☐ D. 4,528
- ☐ E. 5,323

John Muir National Historic Site

```
Y  Q  I  B  H  C  Z  R  Z  R  G  R  E  Q  A
I  T  S  I  L  A  R  U  T  A  N  T  T  M  T
F  F  D  K  X  U  S  T  C  U  G  A  A  W  S
U  F  W  H  N  H  P  B  T  K  H  J  N  R  O
S  S  B  Y  S  T  T  H  Y  L  R  J  A  U  C
H  S  C  R  I  B  B  L  E  D  E  N  I  I  A
C  M  K  S  T  E  N  T  Z  E  L  N  L  K  R
N  E  B  O  D  A  Z  E  N  I  T  R  A  M  T
A  E  E  T  I  S  E  V  A  R  G  X  T  Q  N
R  G  V  S  L  O  A  W  B  R  P  C  I  R  O
T  N  A  T  I  O  N  A  L  P  A  R  K  S  C
I  U  P  T  N  A  I  R  O  T  C  I  V  W  O
U  M  J  M  T  W  A  N  D  A  J  W  A  R  K
R  S  I  E  R  R  A  C  L  U  B  P  R  E  S
F  D  C  P  Z  V  H  J  M  H  O  P  Y  Z  B
```

CONTRA COSTA	FRUIT RANCH	GRAVESITE
ITALIANATE	MARTINEZ ADOBE	MT. WANDA
NATIONAL PARKS	NATURALIST	SCRIBBLE DEN
SIERRA CLUB PRES.	STENTZEL	VICTORIAN

The Glass Beach

```
X  H  D  B  O  T  T  L  E  S  S  M  H  E  J
Q  F  M  M  U  E  S  U  M  S  A  A  K  Q  J
L  J  Q  D  K  N  J  J  A  J  W  C  Q  P  L
D  E  F  C  U  H  V  L  H  A  R  K  Z  E  S
E  R  A  Z  Y  M  G  B  V  K  Q  E  C  N  C
P  C  L  V  A  A  P  E  O  M  R  R  I  P  N
O  U  X  A  E  B  S  S  N  L  F  R  O  G  Z
T  T  D  S  A  T  D  V  I  T  E  I  K  G  A
T  X  W  G  S  Z  H  V  Z  T  H  C  L  A  B
E  D  G  P  U  N  A  E  L  C  E  H  Z  R  Y
R  B  X  S  D  J  U  Q  G  Z  V  E  Q  B  R
Y  Q  A  F  Y  I  U  Y  R  L  G  R  N  T  Q
R  M  E  R  M  A  I  D  T  E  A  R  S  R  I
W  M  E  L  N  O  I  S  O  R  E  S  E  O  M
J  I  X  H  Y  A  T  N  W  Z  D  U  S  F  Q
```

BOTTLES	CLEANUP	DUMP SITE
EROSION	FORT BRAGG	LEAVE THE GLASS
MACKERRICHER	MERMAID TEARS	MUSEUM
POTTERY	SEA GLASS	WAVES

Sutter's Fort
State Historic Park

```
L N W Q N E W H E L V E T I A
X M N T S V W Q W R F C C G H
F O R T O R B U S T U E F S S
C E L D J O T O J W F L W Q U
J G Y R O T S I H T Q F F X R
D N U O P M O C E B O D A L D
S A C R A M E N T O C O L V L
K W E F U E A B F K E A L T O
O Q Y V J R R C O N H A C I G
G W H M O S V N I S E N A N I
Y E L L A V L A R T N E C V G
A M O O O F B A O P M I N D I
F C E R U F M U M J A Y V U F
U S A W M I L L R E N N O D G
R M E R O T S E D A R T F G Q
```

ADOBE COMPOUND	CENTRAL VALLEY	DONNER
FORT OR BUST	GOLD RUSH	HISTORY
MARSHALL	NEW HELVETIA	NISENAN
SACRAMENTO	SAWMILL	TRADE STORE

Lake Tahoe

```
I  R  E  D  I  R  E  G  D  I  R  R  Q  I  K
L  N  A  O  Y  A  B  D  L  A  R  E  M  E  V
R  S  K  I  I  N  G  Q  X  I  E  Q  A  T  C
W  Y  J  V  Y  S  O  N  I  S  A  C  H  G  V
J  R  H  W  H  L  D  T  P  T  U  N  C  N  L
K  E  E  R  C  L  E  N  N  U  T  O  T  I  G
E  T  M  W  C  K  K  O  F  X  G  J  N  H  U
N  A  W  B  D  G  S  M  Z  H  V  Z  B  S  U
I  W  A  L  P  I  N  E  L  A  K  E  S  I  W
L  H  Z  A  T  A  R  R  E  F  A  I  V  F  A
E  S  P  T  T  K  Q  F  G  B  W  A  E  L  S
T  E  S  W  N  O  P  N  D  M  S  V  C  X  H
A  R  F  X  D  G  J  H  X  V  I  C  F  M  O
T  F  J  Y  B  K  P  O  K  V  D  G  O  X  E
S  D  H  V  F  N  X  J  J  O  W  C  Z  J  O
```

ALPINE LAKE	CASINOS	EMERALD BAY
FISHING	FRESHWATER	JOHN FREMONT
RIDGE RIDER	SKIING	STATE LINE
TUNNEL CREEK	VIA FERRATA	WASHOE

Clown Motel

```
K O N X C E M E T E R Y J I G
Y Q X O X W A S Q P X D Y U L
G S N W O L C E U Q I T N A R
P L L G D O N A T I O N S M R
Z L N L N I P A I N T I N G S
H O I F T O N O P A H R F V V
Z D Y S N W O L C N R E D O M
V D C J N T Q K U P N I S O B
G H A P P Y C L O W N S S C M
I N K C L E A N R O O M S Q E
D T E C Q U E S V E Y Q Z X D
R B O B P E R C H E T T I J M
S E R Q J G C B X M F B B H F
E K H J O S M O O R E M E H T
S I X H U N D R E D R C N S K
```

ANTIQUE CLOWNS	BOB PERCHETTI	CEMETERY
CLEAN ROOMS	DOLLS	DONATIONS
HAPPY CLOWNS	MODERN CLOWNS	PAINTINGS
SIX HUNDRED	THEME ROOMS	TONOPAH

Death Valley National Park

```
B  S  T  A  R  W  A  R  S  N  D  P  L  D  J
E  Z  I  N  K  R  W  W  S  S  S  D  O  E  A
L  S  M  I  N  I  N  G  X  N  Q  Q  S  R  B
O  T  B  X  X  A  R  O  B  W  R  Z  T  T  A
W  A  I  D  L  T  X  E  Y  O  J  I  F  W  D
S  L  S  E  M  G  G  R  G  T  S  P  O  E  W
E  F  H  A  U  Q  Q  S  V  T  R  F  R  N  A
A  T  A  G  G  D  C  Y  S  S  M  E  T  T  T
L  L  L  I  K  O  G  D  Z  O  W  S  Y  Y  E
E  A  Y  V  T  P  R  O  X  H  U  Q  N  M  R
V  S  S  T  Z  I  B  R  U  G  E  I  I  U  B
E  S  Y  X  V  L  X  I  Q  L  M  O  N  L  A
L  S  T  E  J  I  B  B  P  J  B  Z  E  E  S
U  S  B  Y  Q  C  A  O  J  H  S  V  R  S  I
F  B  H  E  B  G  Z  W  C  I  Z  L  S  K  N
```

ARTIST'S DRIVE	BAD WATER BASIN	BELOW SEA LEVEL
BORAX	GHOST TOWNS	LOST FORTY-NINERS
MINING	SALT FLATS	SCOTTY'S
STAR WARS	TIMBISHA	TWENTY MULES

Las Vegas Casinos

```
M E K V N H J N K S C V B E S
I B D N A R G M G M T R Z X U
R A B W I R X G Q P E W F L C
H P A V T B P T F D G R A G R
O A Y R E Q M N R A G U V O I
F Z A F N O E O J W U B Q L C
O P B G E K C Q Q F N I J Q S
M W Y W V K H Y S K N L L E U
E C A L A P S R A S E A C U C
T Y L R O X U L B C D C C F R
E T A G N E D L O G L X X N I
X I D S W W Z N C N O E Z U C
N Y N Y W C V P C O G N V Q O
B Z A S P F K C O R D R A H B
D M M O I G A L L E B O J Z D
```

BELLAGIO	CAESARS PALACE	CIRCUS CIRCUS
EXCALIBUR	GOLDEN GATE	GOLDEN NUGGET
HARD ROCK	LUXOR	MANDALAY BAY
MGM GRAND	RED ROCK	VENETIAN

Hoover Dam

```
S  S  S  R  E  L  A  C  S  H  G  I  H  S  W
E  B  L  A  C  K  C  A  N  Y  O  N  M  L  A
N  C  W  M  A  D  R  E  D  L  U  O  B  S  O
I  S  R  U  O  T  F  B  M  G  I  F  W  Y  I
B  Q  W  O  J  G  M  W  W  O  A  G  D  U  P
R  M  B  E  Y  T  I  V  A  R  G  H  C  R  A
U  D  C  S  I  X  C  O  M  P  A  N  I  E  S
T  B  X  N  S  M  I  O  N  L  I  G  D  J  Q
V  E  K  F  A  Q  T  Y  Q  N  B  R  R  I  N
Z  A  R  T  D  E  C  O  S  T  Y  L  E  Z  J
C  O  R  T  N  A  L  P  R  E  W  O  P  M  A
W  Y  L  I  L  B  A  S  R  E  L  I  E  F  C
R  S  N  O  I  S  R  E  V  I  D  T  V  O  G
S  U  G  A  G  J  A  A  G  H  F  P  Q  F  Y
A  E  Y  M  I  I  I  N  H  T  C  F  M  N  F
```

ARCH GRAVITY	ART DECO STYLE	BAS RELIEF
BLACK CANYON	BOULDER DAM	DIVERSIONS
FDR	HIGH SCALERS	POWER PLANT
SIX COMPANIES	TOURS	TURBINES

136

Kīlauea Volcano

```
H U P L Y T G X V S L K Q B K
C U S J P D W I H Y V E P Z D
R A H A Y L J E E F L X B U S
A M I P P S N O I T P U R E H
T U E W X H T R Q N C E J L P
E A L W T E Z P C U L A S W Y
R M D P I Y H A Z E W A D O L
R E V G E Y L J P X Z X J K G
I L O B C D Z T S I Y Q T H O
M A L T E P H R A U R X L V R
D H C R V W B I S K C V H J T
R L A V A F O U N T A I N X E
A F N L F D E V C P P F S N P
X G O K R A P L A N O I T A N
G T I B N E V I T C A T S O M
```

CALDERA	CRATER RIM DR.	ERUPTIONS
HALEMAʻUMAʻU	HVO	LAVA FOUNTAIN
MOST ACTIVE	NATIONAL PARK	PELE
PETROGLYPHS	SHIELD VOLCANO	TEPHRA

Hawai'i Flora

Match the flora to its color.

1. _____ Allamanda

2. _____ Amaryllis

3. _____ Lantana

4. _____ Bird of Paradise

5. _____ Pua Kala

6. _____ Oceanblue Morning Glory

7. _____ Elephant Ear

8. _____ Glory Bush

9. _____ Mandevilla

10. _____ Wax Vine

A. *RED*

B. *WHITE*

C. *PINK*

D. *GREEN*

E. *PURPLE*

F. *PINK AND WHITE*

G. *YELLOW AND ORANGE*

H. *YELLOW*

I. *BLUE*

J. *ORANGE*

The Road to Hana

```
S D Z O N H F J A U L C U W H
W N T E B U T A V A L A N A H
R E E F F O C S A M D N A R G
Z U D A E R B A N A N A B T J
C U L T U R A L C E N T E R J
E V A R G S H G R E B D N I L
J W R S S L L A F A U L I A W
I E D N E D E F O N E D R A G
U S R E K R A M E L I M X I Y
A E G A L L I V E L A H U A K
M H J W J P F F C L P L G N R
H Q I O P A O I W P R L F R E
H U Y E Q C U N N M Z K E Z P
F H L I I O H C A E B I K O K
Y H O O K I P A L O O K O U T
```

BANANA BREAD	CULTURAL CENTER	GARDEN OF EDEN
GRANDMA'S COFFEE	HANA LAVA TUBE	HOOKIPA LOOKOUT
KAUHALE VILLAGE	KOKI BEACH	LINDBERGH'S GRAVE
MAUI	MILE MARKERS	WAILUA FALLS

Haleakalā National Park

```
L O T G T B Y Y A U T K W P T
I L C S U R K E N E N I C H R
A A R Z U I N N P F G P S I E
R G A O M A O Q O S X A U K S
T O T A Y D I F L I G H N I E
I B E Z B M T L Z J I U R N D
A I R T O A A G F J J L I G R
W E V M N F T X I C N U S A E
I S W B R I S C C V I V E H D
P Q Z E J J R N F Z Q A S U N
I O T S N V A Y T Z H L U P I
P A O P R C D W A A U L N U C
W E N A C R A G U S Z E S A O
G K L Y R U R K J T J Y E A K
M E Q O L F T K D Z Z S T R Y
```

AHUPUA'A	CINDER DESERT	CRATER
GOBIES	HIKING	KIPAHULU VALLEY
NENE	PIPIWAI TRAIL	RADAR STATION
SUGARCANE	SUNRISE SUNSET	WATERFALLS

Honolulu, Hawai'i

```
I  N  A  M  A  B  O  K  C  A  R  A  B  C  M
B  Y  Y  K  X  T  A  N  T  A  L  U  S  T  D
I  O  L  A  N  I  P  A  L  A  C  E  V  U  S
M  U  E  S  U  M  N  O  I  T  A  I  V  A  C
T  A  L  A  M  O  A  N  A  B  E  A  C  H  A
J  M  G  L  R  D  J  K  Z  W  F  G  L  E  L
Y  R  C  H  I  N  A  T  O  W  N  I  V  C  M
Z  A  U  X  V  M  O  N  A  R  C  H  Y  S  P
I  O  B  O  U  T  L  V  A  S  A  F  E  H  O
U  P  E  A  R  L  H  A  R  B  O  R  D  N  R
I  R  X  K  A  F  U  Y  H  E  R  L  L  K  T
S  D  L  B  I  S  H  O  P  M  U  S  E  U  M
M  U  I  R  A  U  Q  A  I  K  I  K  I  A  W
M  W  Z  U  D  I  A  M  O  N  D  H  E  A  D
L  N  Q  S  F  B  U  V  L  O  G  P  F  A  F
```

ALA MOANA BEACH	AVIATION MUSEUM	BARACK OBAMA
BISHOP MUSEUM	CALM PORT	CHINATOWN
DIAMOND HEAD	IOLANI PALACE	MONARCHY
PEARL HARBOR	TANTALUS	WAIKIKI AQUARIUM

Great American Road Trip #6
The Northwestern States

ALASKA

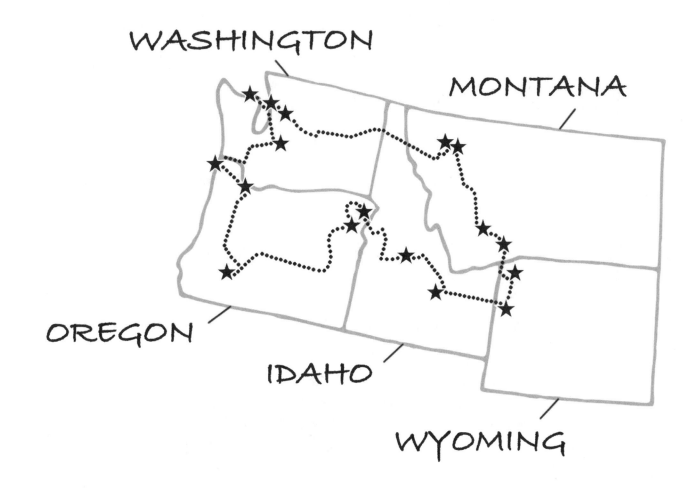

WASHINGTON

MONTANA

OREGON

IDAHO

WYOMING

Alaska Native Heritage Center

```
V T L A K E T I U L A N A B L
D T Z E P C Y K D U Z N M J W
Q H H C N A U A F T R E F V W
S E O N B L V Y P O E N A Y I
T A R A W P K E X K I E P N N
O T C D B G K W L Y T S P A U
R R Z E A N Q F L O N U G I P
Y E O V R I C C O S O O N H I
T H N I K R D K F G R H I S A
E A X T B E E G J F F G T M Q
L H R A A H U W O M T N F I C
L T G N S T D Z I B S O A S H
I V T U K A K K A J A L R T W
N X J P E G Y T Z B L N C R Y
G F D L T P S B R H H J E Q N
```

BARK BASKET	CRAFTING	EYAK
GATHERING PLACE	INUPIAQ	LAKE TIULANA
LAST FRONTIER	LONGHOUSE	NATIVE DANCE
STORYTELLING	THEATRE	TSIMSHIAN

Kenai Fjords National Park

```
S N R D L E I F E C I F Z K L
Y D E D B J W N E P C J U I M
G T I J E O P V S W E A A I F
E R C Z A I C E A G E R L H M
G F A C R W E C Q Q T S U A B
J G L I G P E Y Q K K D S R H
L N G Y L N V B O O A U N D W
D I T L A O I O N D U J I I A
H D I P C Q L N J U B W N N E
Q L X S I R A L I P K P E G F
V O E M E E W I B M X A P T Q
V H W V R D W A P W G F B R B
L N O Y Y F P X I G F O O A R
A I M H D F E K E D U H L I Y
Y D T A C L I N A L J S K L G
```

ANILCA	BEAR GLACIER	EXIT GLACIER
HARDING TRAIL	ICE AGE	ICE FIELD
INHOLDING	MINING	NUKA BAY
OVERLOOK TRAIL	PENINSULA	SUGPIAQ

Denali National Park & Preserve

```
P E E H S L L A D N O R W W U
B M O Y K R F K H O F J I Z L
H W O E I E J A F I O E N G I
D B O L I V O E U T R C T H A
S N E N N I M P B A A B E A R
A N Z I G R I T R V K C R N T
G M D K G E F S P R E N F T F
F Z C C S G T E L E R Z E L F
C E J M J A Z L F S F Y S I O
O H O T K V F L S N L X T H M
H D I M L A M A N O E N H A X
L K Y E H S P T C C Q Y N K C
N N O D L E H S S E L R A H C
R K B Y J L Y S M H G S E U C
D E M O D Y N O T S J B D J P
```

CHARLES SHELDON	CONSERVATION	DALL SHEEP
FORAKER	KAHILTNA	MT. MCKINLEY
OFF-TRAIL	SAVAGE RIVER	SKIING
STONY DOME	TALLEST PEAK	WINTERFEST

Craters of the Moon National Monument

```
T S S F L O O D B A S A L T X
E X J K X G L S V L G U W B J
Y K S I Y Q G L T B O D A O V
Y K A T J T X F J H V O P N L
U V E U A X I A M G A M I A C
B A A S Q R S B Y Q K B V C M
C S Q B T H T C M I A A H L Z
T I O A A K T D A O R P O O L
F E E F T V H R C H N X S V X
K R X D A V O F A D R R G P E
G V G T M B U Q C E F I R V V
G R T V D T D L O M E E R T R
M V K I N G S B O W L U B S S
N S Y I C Z H A R O B T M C X
Y N O R T H E N D C O A Z S D
```

EARTHQUAKE	FLOOD BASALT	GREAT RIFT
KINGS BOWL	LAVA	LOOP ROAD
MAGMA	MT. BORAH	NORTH END
TREE MOLD	VOLCANO	WAPI

Sawtooth National Forest

```
E L O E K A L H S I F D E R B
M Y H W Q Q R R O C C E P F Y
F N K R S F B D V E U R K A D
L M O U N T A I N R A N G E A
O K G W H I T E C L O U D S M
W K Y A W G N I M E H E Q Z A
Y X Y X E K A L E C I L A I B
A K A E P N A M D N Y H E K O
R S C E N I C B Y W A Y C S N
G D B N M X B T L D F Y V R E
U G D X I O G M Z H V W N S P
Y R T C A S S E N R E D L I W
S P R I M I T I V E A R E A U
L Y B P N V J M S W U K Z S M
P J H C T L E V E S O O R P W
```

ALICE LAKE	GRAY WOLF	HEMINGWAY
HYNDMAN PEAK	MOUNTAIN RANGE	OBAMA
PRIMITIVE AREA	REDFISH LAKE	ROOSEVELT
SCENIC BYWAY	WHITE CLOUDS	WILDERNESS ACT

Nez Perce National Historical Park

```
C  H  S  E  I  R  A  N  O  I  S  S  I  M  J
T  E  J  D  W  N  D  E  I  M  M  L  M  X  Q
M  A  Q  T  L  Z  F  H  P  Z  A  S  L  B  T
X  R  I  O  I  E  E  N  Z  P  N  B  J  S  T
A  C  O  L  O  N  I  Z  A  T  I  O  N  C  R
J  A  U  O  U  X  F  F  B  X  X  E  Y  C  A
C  H  I  E  F  J  O  S  E  P  H  S  W  H  W
Y  B  B  S  Q  S  T  M  N  L  E  Q  S  Z  E
S  B  I  G  H  O  L  E  P  S  T  A  A  X  C
B  L  T  T  N  W  R  V  Q  U  F  T  M  T  R
G  Q  E  P  V  J  H  O  G  Q  K  L  A  R  E
S  C  B  B  K  R  F  H  H  K  C  I  C  B  P
P  A  L  O  U  S  E  N  F  W  F  H  F  E  Z
R  N  O  Y  N  A  C  H  P  E  S  O  J  C  E
S  C  H  O  P  U  N  N  I  S  H  T  P  C  N
```

BATTLEFIELD	BIG HOLE	CAMAS
CHIEF JOSEPH	CHOPUNNISH	COLONIZATION
JOSEPH CANYON	MISSIONARIES	NEZ PERCE WAR
PALOUSE	TOLO	WEIPPE

Oregon National Historic Trail

```
G S I E R J S T A M P M I L L
W N U Z G O L D M I N E M F D
A O D R J H V T N W M Y U O O
G I Y A D R E I T N O R F M K
O T S M U S D Y J I T O H I V
N A R E Z W E G X R P T B G L
R R E E S P K R A F M S W R K
O G R K I U P D U L F I Y A J
A I O E T J E P J A J H P T I
D M L R X R N I F G Y G I I X
O T P Q S H L F G S W N O O B
X A X N F L W O M T R I N N C
H E E D I G P M P A Q V E P B
Z R G V I Q E D T F M I E B Z
N G C Z Q T C A T F P L R K Q
```

EXPLORERS	EZRA MEEKER	FLAGSTAFF
FRONTIER DAY	FUR TRADERS	GOLD MINE
GREAT MIGRATION	LIVING HISTORY	MIGRATION
PIONEER	STAMP MILL	WAGON ROAD

150

Crater Lake National Park

```
G C A L D E R A Q S E H A F T
P R C B M U D H P Z K G X W Z
I A K D U T T U A Y D G M P S
N T Q I H U K N C D Z M W U L
N E N C T O W I I P K T I M L
A R O H T R L O F E I M Z I A
C P J L O T K N I V I A A C F
L E N S C W C P C I C Z R E I
E A L H S O W E C R U A D D N
S K Q Y T B X A R D D M I E K
X U S G M N G K E M R A S S I
F G O F D I G A S I X G L E A
Y G F L D A U O T R E A A R L
K S P K O R E J Z K Y B N T P
K Q U U M G Y X P M E J D X C
```

CALDERA	CRATER PEAK	MT. MAZAMA
MT. SCOTT	PACIFIC CREST	PINNACLES
PLAIKNI FALLS	PUMICE DESERT	RAINBOW TROUT
RIM DRIVE	UNION PEAK	WIZARD ISLAND

Northwestern College Tour

Match these northwestern colleges with their team name.

1. ____ University of Alaska, Anchorage

2. ____ University of Montana

3. ____ Evergreen College

4. ____ Carroll College

5. ____ Boise State University

6. ____ University of Washington

7. ____ University of Idaho

8. ____ Portland State University

9. ____ Lewis and Clark College

10. ____ Washington State University

A. GEODUCKS

B. HUSKIES

C. BRONCOS

D. VANDALS

E. SEAWOLVES

F. FIGHTING SAINTS

G. PIONEERS

H. COUGARS

I. GRIZZLIES

J. VIKINGS

Portland Curiosities

```
W  H  A  E  L  F  D  N  A  K  A  E  R  F  D
I  T  C  E  T  A  G  N  O  T  X  A  P  C  P
S  E  K  O  R  S  A  K  O  F  F  E  E  Q  T
H  R  M  M  I  L  L  E  N  D  S  P  A  R  K
I  A  M  U  I  R  O  T  I  D  D  O  B  T  V
N  W  E  G  A  T  N  I  V  T  U  H  H  H  V  I
G  D  P  M  C  L  O  V  X  L  O  R  F  C  U
T  R  V  L  L  A  M  E  G  A  T  N  I  V  B
R  A  I  B  K  D  N  M  B  H  X  R  N  A  V
E  H  Z  E  L  T  S  A  C  S  H  C  T  I  W
E  O  D  V  I  U  G  C  Q  U  P  M  C  M  O
W  P  Y  O  Q  F  L  U  T  T  E  R  M  W  J
Y  P  E  U  Q  I  T  N  A  O  O  D  O  O  H
C  I  Q  U  F  I  W  Q  C  U  J  V  G  P  W
U  H  C  D  H  I  S  L  L  O  T  F  U  P  K
```

FLUTTER	FREAK AND FLEA	HIPPO HARDWARE
HOODOO ANTIQUE	HUT VINTAGE	KORSAKOFFEE
MILL ENDS PARK	ODDITORIUM	PAXTON GATE
VINTAGE MALL	WISHING TREE	WITCH'S CASTLE

Lewis and Clark National Historical Park

```
F O R T T O S E A G O V N R B
U B Y T L H D J K D N S G E M
V B M W B H L C Y Z C R C E V
N H E G G N G Y R H O P L N S
G Y S O N U I U A H L M A A X
W L K I I G F L U C U A T C A
A E R T D K A K T T M C S T A
P L O O N C Q O S I B N O M F
A P W R A O V O E N I O P E A
Z R T F L L L M N L A I K N O
S V L L L T T A A A R T K T J
Q A A U U N I L D M I A E Q V
B T S X T I G L N S V T P S D
C V L Q E L Y I A I E S O V A
W T O J N F W T M D R E S H B
```

CLATSOP	COLUMBIA RIVER	DISMAL NITCH
ESTUARY	FLINTLOCK GUN	FORT TO SEA
MANDAN	NETUL LANDING	REENACTMENT
SALTWORKS	STATION CAMP	TILLAMOOK

Mount Rainier National Park

```
E  E  I  G  C  F  F  S  U  M  M  I  T  U  V
N  V  V  W  I  N  T  H  R  O  P  O  L  J  U
N  R  R  N  T  W  P  K  Q  J  J  A  F  W  C
I  E  J  L  O  N  G  M  I  R  E  I  B  C  G
E  S  V  E  Q  K  S  G  V  D  Y  S  G  M  H
S  E  I  P  Z  N  U  B  W  D  Y  U  X  N  K
I  R  C  R  O  D  C  E  S  I  R  N  U  S  A
D  T  R  M  W  R  N  U  T  X  X  Q  I  S  Z
A  S  M  N  Y  L  G  A  Z  H  H  P  C  S  Z
R  E  I  C  A  L  G  N  O  B  R  A  C  A  Z
A  R  A  V  H  D  E  Z  F  N  B  J  E  H  M
P  O  V  A  L  O  R  M  E  M  O  R  I  A  L
A  F  W  U  L  U  K  V  J  Y  C  X  K  K  G
L  N  A  O  Z  D  H  A  M  O  C  A  T  O  Y
M  P  S  T  R  A  T  O  V  O  L  C  A  N  O
```

CARBON GLACIER	EMMONS	FOREST RESERVE
LONGMIRE	NEW DEAL	PARADISE INN
STRATOVOLCANO	SUMMIT	SUNRISE
TACOMA	VALOR MEMORIAL	WINTHROP

Olympic National Park

```
X H G B F O Z E T T E L O O P
Y O B K B A C K P A C K I N G
M H G F M E T S Y S O C E G J
I R N J S J P K M S E B M N Y
E I I U L Y M T O L Y M P U S
S V L A K E C R E S C E N T Q
H E O J Z P H U Z C T U Q A T
A R O A L U S N I N E P L U R
H D P W N O I T P E C E D T M
F X E T O C S E N U Q H K I X
Q A D O R G N I T A O B Y P R
R A I N F O R E S T C T Q Y T
B C T A Y M R O I Q O Y B A F
U T I U C P Y E D D U T K W F
Q M A G F G W I D O U W Z E R
```

BACKPACKING	BOATING	ECOSYSTEM
HOH RIVER	LAKE CRESCENT	MT. DECEPTION
MT. OLYMPUS	OZETTE LOOP	PENINSULA
RAINFOREST	TIDE POOLING	UNESCO

Northwestern Forests

Select the word or phrase that makes the statement true.

1. The two largest national forests in the United States, together totaling over 35,000 square miles, are both located in ____.

- ☐ A.   Washington
- ☐ B.   Idaho
- ☐ C.   Oregon
- ☐ D.   Alaska
- ☐ E.   Montana

2. Alaska's state tree, by far the largest of its species and fifth largest conifer in the world, is known as the ____.

- ☐ A.   Sitka Spruce
- ☐ B.   Evergreen
- ☐ C.   Hemlock
- ☐ D.   Hickory
- ☐ E.   Oak

3. Idaho has ____ national forests, where visitors can observe diverse wildlife.

- ☐ A.   5
- ☐ B.   8
- ☐ C.   11
- ☐ D.   18
- ☐ E.   25

4. First founded in 1907, ____ is the largest national forest in the United States, encompassing most of southeast Alaska.

- ☐ A.   Salmon-Challis
- ☐ B.   Chugach
- ☐ C.   Nez Perce
- ☐ D.   Boise
- ☐ E.   Tongass

5. Visitors can see the Newberry National Volcanic Monument, cinder cones, lava tubes, and five designated wilderness areas at ____.

- ☐ A.   Mount Hood N. F.
- ☐ B.   Deschutes N. F.
- ☐ C.   Umatilla N. F.
- ☐ D.   Malheur N. F.
- ☐ E.   Ochoco N. F.

6. The landscape of ____ is diverse, so visitors may see canyons, high mountain ridges, and ocean beaches all in one national forest.

- ☐ A.   Olympic N. F.
- ☐ B.   Colville N. F.
- ☐ C.   Gifford Pinchot N. F.
- ☐ D.   Mt. Baker–Snoqualmie N. F.
- ☐ E.   Okanogan & Wenatchee N. F.

7. Olympic National Forest is home to its own ____.

- ☐ A.   Desert
- ☐ B.   Geyser
- ☐ C.   Rainforest
- ☐ D.   Island
- ☐ E.   Sunflower Field

8. Montana's largest national forest, Beaverhead-Deerlodge National Forest, encompasses ____ mountain ranges.

- ☐ A.   3
- ☐ B.   5
- ☐ C.   8
- ☐ D.   12
- ☐ E.   15

Seattle History

```
C  J  K  V  E  P  Z  H  X  Q  Q  I  K  Q  W
B  H  D  N  U  O  S  T  E  G  U  P  D  Z  W
I  D  U  W  A  M  I  S  H  W  T  Z  C  H  N
I  I  Q  U  A  X  J  K  L  T  W  E  F  O  P
S  A  R  T  H  U  R  D  E  N  N  Y  H  V  C
E  K  S  Q  N  O  S  M  O  H  T  H  R  I  J
A  F  E  N  F  D  K  G  V  I  X  E  J  P  L
L  A  L  K  I  P  O  I  N  T  L  W  J  U  R
T  E  R  A  U  Q  S  R  E  E  N  O  I  P  X
H  U  D  W  R  R  E  B  M  U  L  G  H  P  P
R  J  L  F  T  X  V  F  T  C  E  G  U  R  G
T  K  L  O  N  D  I  K  E  R  U  S  H  F  F
E  K  Z  G  N  I  D  L  I  U  B  P  I  H  S
K  Q  P  O  D  M  E  R  I  F  T  A  E  R  G
D  D  Y  N  A  P  M  O  C  G  N  I  E  O  B
```

ALKI POINT	ARTHUR DENNY	BOEING COMPANY
DUWAMISH	GREAT FIRE	KLONDIKE RUSH
LUMBER	PIONEER SQUARE	PUGET SOUND
R. H. THOMSON	SEALTH	SHIPBUILDING

Snoqualmie Falls

```
F  R  T  V  C  E  Q  H  E  V  D  Q  G  F  X
M  Y  W  E  H  L  E  A  L  O  E  C  D  Y  Z
Y  U  B  D  A  L  H  D  P  H  L  T  Y  J  A
Q  P  E  E  R  A  M  K  A  Y  V  T  T  O  Y
C  O  D  E  L  R  M  C  M  D  E  O  W  S  V
V  W  A  O  E  A  U  A  F  R  G  O  I  I  J
I  E  M  D  S  I  V  N  A  O  D  H  N  A  M
E  R  D  O  B  N  G  D  E  E  O  S  P  H  D
W  P  K  D  A  E  A  Y  L  L  L  E  E  M  A
P  L  B  K  K  S  N  S  G  E  H  L  A  E  J
O  A  I  B  E  S  E  H  I  C  S  K  K  R  G
I  N  P  A  R  N  I  O  B  T  I  C  S  R  T
N  T  N  Q  U  S  K  P  A  R  L  U  K  I  M
T  S  F  P  P  M  W  G  H  I  A  M  B  T  S
C  U  R  T  A  I  N  D  H  C  S  W  N  T  Q
```

BIGLEAF MAPLE	CANDY SHOP	CHARLES BAKER
CURTAIN	ELLA RAINES	HYDROELECTRIC
JOSIAH MERRITT	MUCKLESHOOT	POWER PLANTS
SALISH LODGE	TWIN PEAKS	VIEWPOINT

Montana Vortex and House of Mystery

```
E  J  Y  H  L  H  C  D  D  O  M  J  I  D  V
M  G  N  N  V  P  Q  F  L  P  O  R  T  A  L
C  P  E  L  Z  D  H  D  E  Y  K  O  K  T  P
R  R  T  X  F  N  B  Y  I  L  N  T  I  H  O
O  O  I  P  H  D  L  N  F  A  M  C  G  E  W
O  Z  S  Q  D  A  A  A  Y  M  U  V  O  T  E
K  S  D  Q  A  C  M  M  G  O  T  R  T  A  R
E  B  E  K  S  M  R  I  R  N  N  E  T  H  O
D  I  R  V  G  Q  O  C  E  A  A  S  C  E  F
S  G  C  Z  Z  A  N  V  N  V  U  U  O  A  N
H  F  A  C  W  T  A  O  E  Y  Q  A  C  L  A
A  O  S  H  S  W  R  R  Q  R  K  H  S  E  T
C  O  N  V  R  D  A  T  T  K  T  E  M  R  U
K  T  W  Z  O  R  P  E  N  U  S  O  D  S  R
S  Y  H  C  K  W  B  X  D  L  O  J  A  O  E
```

ANOMALY	BIGFOOT	CROOKED SHACK
DYNAMIC VORTEX	ENERGY FIELD	JOE HAUSER
PARANORMAL	PORTAL	POWER OF NATURE
QUANTUM	SACRED SITE	THETA HEALERS

Glacier National Park

```
M S T Y Q F G D L U Z U E V E
S E C H I F X L O U R R S S O
U O Z Z T E G A G N Z G L X C
B J W Y P K O N A W S B E I E
R R H G O B I O N P E A R U N
U E I Z L T N D P S R L V L V
O M T L E E G C A A I D D K B
T M E W B E T M S V F E H B H
D A F S R F O E S S D A C E Y
E J I T I K T K W K L G U X O
R D S S D C H A I F I L L K X
R M H B G A E L I A W E D Y S
F A J C E L S H W T W S M U J
M Y C V J B U S H I M M Q X H
O C H Z D L N N S J H V R Q J
```

BALD EAGLES	BLACKFEET	CCC
GOING TO THE SUN	JAMMER JOE'S	LAKE MCDONALD
LEWIS	LOGAN PASS	POLE BRIDGE
RED TOUR BUS	WHITEFISH	WILDFIRES

The Berkeley Pit

```
H  K  S  A  D  U  Q  I  D  D  L  I  F  E  C
P  B  I  Y  L  K  D  M  G  S  H  C  N  N  O
U  Z  L  K  O  R  Y  M  K  J  I  O  L  D  P
P  F  V  R  G  E  C  H  M  D  L  B  N  H  P
A  X  E  O  S  T  R  T  I  O  A  U  E  H  E
N  R  R  F  L  T  A  C  A  Y  F  A  B  D  R
A  R  B  K  O  U  A  P  I  R  V  E  O  A  M
C  O  O  R  O  B  N  X  E  Y  P  X  J  Y  I
O  K  W  A  F  K  Y  P  M  J  X  N  W  Y  N
N  M  X  L  B  G  U  E  T  Z  T  M  X  P  E
D  O  V  C  N  S  T  S  F  V  F  B  D  C  U
A  C  O  N  T  A  M  I  N  A  T  E  D  G  P
S  S  C  B  L  Y  N  A  O  R  O  R  D  Z  G
O  Y  T  S  A  N  O  I  T  A  C  O  L  E  R
A  C  D  O  M  K  X  P  G  Y  Z  I  M  Y  M
```

ACIDIC	ANACONDA	BUTTE
CLARK FORK	CONTAMINATED	COPPER MINE
EPA	FOOL'S GOLD	HEAVY METALS
RELOCATION	SILVER BOW	SUPERFUND

Museum of the Rockies

```
N V K K T V J D T O X E E L Y
T W I L L O W C R E E K E J H
I T N M K T Y V T R S K O C D
N R A K C R C G Q N N H C P J
S I L E B E I S X A N E A U W
L C C W W X I A W H O L E D A
E E C W X D M Y O I E G F E I
Y R P Y G X H R M O U D O D F
H A M V K T N X N U J Z S S M
O T V E A E Z T C T S G S H G
U O F K R X O E K I M G I B A
S P S T N L T P H K Q Z L L Q
E S U U O I C Z A L J L S N X
J A X G B J B G F M V Q R W N
B C Y Q N U M A H K N A T U T
```

BIG MIKE	CCH	FOSSILS
JOHN HORNER	KATHY WANKEL	PALEONTOLOGY
SIEBEL	TINSLEY HOUSE	T. REX
TRICERATOPS	TUTANKHAMUN	WILLOW CREEK

Grand Teton National Park

```
V E L O H N O S K C A J U N P
T W O O C E A N L A K E E Q T
E Z F D L K R Q B R E C Y V M
T J E D I R K C A B E S R O H
A G Y V E E N O H S O H S J O
M D O Q R E L L E F E K C O R
I E N J H T O C G U Z C K D R
L D E V L N M B H F T U W B B
C A G J T X O A M S Q L S B T
E R R A Y N O L D S P U N E O
P T B I G H O R N S H E E P V
P T A N N A K I D U K U T F W
E L Q X V J H A D I I S R U X
T E E M M A M A T I L D A W B
S P T L Z J Q F O V L E R Q U
```

BIGHORN SHEEP	EMMA MATILDA	HORSEBACK RIDE
JACKSON HOLE	PELT TRADE	RAYNOLDS
ROCKEFELLER	SHOSHONE	STEPPE CLIMATE
TUKUDIKA	TWO OCEAN LAKE	USBR

Northwestern Tasting Tour

Match these favorite regional foods with their place of origin.

1. ____ Reindeer Dog

2. ____ Fry Bread

3. ____ Nut Burger

4. ____ Chocolate Bread

5. ____ Aplets & Cotlets

6. ____ Smoked Salmon

7. ____ Ice Cream Potato

8. ____ Voodoo Doughnuts

9. ____ Cream Cheese Hot Dog

10. ____ Creme Brulee French Toast

A. HOMER, AK

B. PORTLAND, OR

C. CASHMERE, WA

D. ANCHORAGE, AK

E. SALEM, OR

F. BUTTE, MT

G. SEATTLE, WA

H. SEWARD, AK

I. BOISE, ID

J. CROW RESERVATION, MT

Yellowstone National Park

```
S  I  Z  G  R  I  Z  Z  L  Y  B  E  A  R  S
J  P  L  O  N  A  C  L  O  V  R  E  P  U  S
R  Y  O  K  H  G  S  Q  G  B  U  I  U  X  G
Y  B  C  O  R  V  T  P  Y  J  U  V  W  K  Y
J  D  S  V  P  E  N  I  P  L  A  B  U  S  X
I  H  E  R  I  T  A  G  E  S  I  T  E  U  J
V  J  N  P  F  I  R  S  T  N  P  G  O  C  D
U  Q  U  Q  P  D  G  A  Z  P  N  K  L  A  J
S  E  R  I  F  T  S  E  R  O  F  Z  K  L  P
V  B  I  S  O  N  E  G  G  F  X  P  P  D  D
Z  E  M  P  B  G  S  Z  Y  O  B  O  U  E  A
M  N  A  I  D  I  S  B  O  C  C  X  N  R  T
Z  A  W  O  I  K  Y  C  E  V  Q  O  I  A  R
Y  U  Q  O  R  G  L  X  Y  T  O  G  R  N  X
X  B  C  V  W  E  U  M  W  I  Q  I  F  G  R
```

BISON	CALDERA	FIRST NP
FOREST FIRES	GRIZZLY BEARS	HERITAGE SITE
KIOWA	OBSIDIAN	SUBALPINE
SUPERVOLCANO	ULYSSES GRANT	UNESCO

Northwestern Ghost Towns

Select the word or phrase that makes the statement true.

1. ___ was a gold mining town in northwest Wyoming that became deserted in the 1870s. Visitors can now pan for gold and order a sarsaparilla soda from the general store.

- ☐ A. Cheyenne
- ☐ B. Jackson
- ☐ C. Casper
- ☐ D. Cody
- ☐ E. South Pass City

2. Located in northwest Wyoming, Atlantic City reportedly had about 2,000 miners and a ____.

- ☐ A. Brewery
- ☐ B. Dance Hall
- ☐ C. Opera House
- ☐ D. Church
- ☐ E. All of the above

3. ____, a historic mining ghost town, is located in west central Montana and contains over 30 preserved buildings.

- ☐ A. Coloma
- ☐ B. Garnet
- ☐ C. Rimini
- ☐ D. Nevada City
- ☐ E. Zortman

4. Kennecott is a historic ____ mine ghost town in Alaska.

- ☐ A. Copper
- ☐ B. Gold
- ☐ C. Silver
- ☐ D. Coal
- ☐ E. Diamond

5. Molson is an open-air museum and ghost town in ___. Featuring a population of 19 according to the 2000 census, it features pioneer buildings, mining, and farm equipment.

- ☐ A. Montana
- ☐ B. Wyoming
- ☐ C. Washington
- ☐ D. Alaska
- ☐ E. Idaho

6. Govan is a Washington ghost town that showcases the building of an old ____ from 1906.

- ☐ A. General store
- ☐ B. Church
- ☐ C. Home
- ☐ D. Schoolhouse
- ☐ E. Jail

7. Residents of Bayhorse, a ghost town in Custer County, Idaho, founded in 1877, were generally ___ miners.

- ☐ A. Silver
- ☐ B. Coal
- ☐ C. Lead
- ☐ D. Gold
- ☐ E. Sulfur

8. ____ residents lived in Burke, Idaho, after several mines were shut down in 1990.

- ☐ A. 5
- ☐ B. 10
- ☐ C. 15
- ☐ D. 20
- ☐ E. 48

Great American Road Trip #7
The Midwestern States

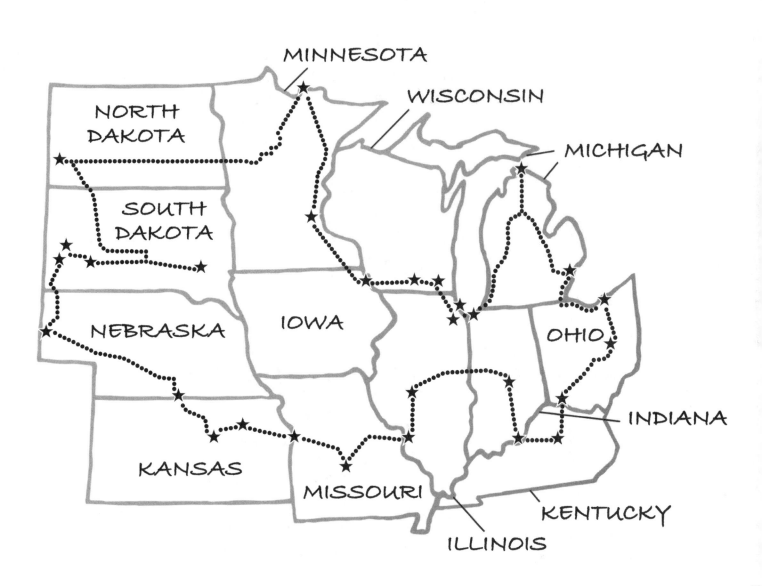

Iowa

Across

2 The capital of Iowa.

6 A famously crooked street.

7 The nickname for Iowa.

9 Town known for an enormous fruit sculpture.

10 The only island city in Iowa.

11 The oldest city in Iowa.

12 A native tribe with a settlement in Iowa.

Down

1 Midwestern region known for farming and agriculture.

3 Iowa's unique state park.

4 The largest Danish settlement in the U.S.

5 Home of Quaker Oats.

8 Animal that outnumbers humans in Iowa.

Effigy Mounds National Monument

```
B U R I A L S I T E W X F O L
U U C U K U V W L J J C R E K
I D J R B A A N L S V R Q X R
D N U O M L A C I N O C V P K
S E Y E K S E L R A H C Q X S
G R R O N O S I L L E N R F L
P W O O D L A N D P E R I O D
J P Q K A H X Q G E T W O L S
L Z Q D D E R C A S I T J J B
H A E R A S S E L T F I R D K
L S P R E S E R V A T I O N C
U D O L A N I M A L S H A P E
F I R E P O I N T T R A I L X
F G E H O Y R A E B T A E R G
P R E D L I U B D N U O M F O
```

ANIMAL SHAPE	BURIAL SITE	CHARLES KEYES
CONICAL MOUND	DRIFTLESS AREA	ELLISON ORR
FIRE POINT TRAIL	GREAT BEAR	MOUND BUILDER
PRESERVATION	SACRED	WOODLAND PERIOD

Wisconsin Historical Museum

```
E  S  S  X  D  U  P  R  G  Q  E  U  X  I  K
R  R  T  F  R  O  N  T  I  E  R  F  M  L  H
A  R  C  H  A  E  O  L  O  G  Y  M  I  S  R
O  A  T  P  G  F  H  W  Y  D  I  M  A  P  R
F  Y  T  M  T  I  H  O  P  G  D  Z  B  A  W
E  P  B  M  H  O  Y  J  R  E  T  I  V  R  V
X  O  E  Y  I  G  Z  A  T  A  G  G  R  K  Y
C  T  V  Q  R  N  N  L  L  B  B  C  Z  L  A
H  D  F  K  Z  T  A  A  O  Y  N  G  W  N  S
A  O  B  L  S  M  N  Y  C  W  A  W  H  N  V
N  T  D  T  S  O  P  E  D  A  R  T  R  U  F
G  W  A  X  K  B  A  C  R  O  T  C  A  R  T
E  T  A  O  M  U  A  T  V  U  H  Q  F  R  W
E  Q  H  U  S  E  T  T  L  E  M  E  N  T  W
Z  X  B  D  S  D  N  A  L  D  O  O  W  Z  G
```

ARCHAEOLOGY	AZTALAN	BIG BOY
ERA OF EXCHANGE	FRONTIER	FUR TRADE POST
IMMIGRANT STATE	MALTED MILK	SETTLEMENT
SPARK	TRACTOR CAB	WOODLANDS

Old World Wisconsin

```
T  N  I  R  R  E  P  D  R  A  H  C  I  R  U
E  D  A  B  M  Q  J  R  U  J  X  K  B  B  U
F  O  B  O  X  T  Z  M  Y  O  N  Q  V  L  B
I  K  F  P  O  R  X  U  Y  G  E  S  L  D  D
L  R  D  J  P  A  M  E  H  S  S  E  J  T  E
L  M  I  T  Z  M  O  S  L  R  N  L  P  Y  X
A  K  J  M  W  S  O  U  K  E  A  C  K  R  X
R  X  Q  Y  L  E  L  M  W  E  K  Y  E  D  Z
U  Y  R  V  A  U  R  R  N  S  C  P  K  C
R  A  K  G  F  J  I  O  V  O  O  I  B  S  A
Q  E  L  V  U  U  E  O  W  I  U  R  Y  W  Q
P  E  J  Z  Z  G  H  D  K  P  Y  T  U  Y  W
D  K  L  I  V  E  S  T  O  C  K  F  C  E  C
H  J  R  E  H  T  E  U  K  S  N  A  H  J  P
Y  F  F  Q  S  D  A  O  R  S  S  O  R  C  B
```

CROSSROADS	EAGLE	HANS KUETHER
HEIRLOOM	LIVESTOCK	OUTDOOR MUSEUM
PIONEERS	RICHARD PERRIN	RURAL LIFE
SKANSEN	TRAMS	TRICYCLES

Welcome to Illinois

Across

4 Site showcasing archaeological finds from a prehistoric civilization.

5 One of the first native tribes to settle in present-day Illinois.

6 A political showdown between Abraham Lincoln and Stephen Douglas in 1858.

9 The first African American mayor of Chicago.

12 First state to achieve this after ratifying the 13th amendment.

Down

1 The first name of Chicago's professional baseball team, founded in 1870.

2 A battle site of the War of 1812.

3 A fire-breathing fairy tale attraction.

7 The capital of Illinois and home to Abraham Lincoln.

8 Historic burial and memorial site for Abraham and Mary Todd Lincoln.

10 Chicago's professional basketball team, founded in 1966.

11 President Ronald Reagan's childhood home.

Morton Arboretum

```
D A C S W J Q P I L G N Y H E
I Z C S E N Z U Z P S Y J N W
V T O C J O Q B P P C N C A T
E B N H O I H L R V Y X V I N
R O S U T T E I A K M Q J D Y
S J E L N A R C I L O C P R A
I O R E J R B G R A R F F A D
T Y V N B O A A I X T O O U R
Y M A B U T R R E K O R I G O
Q O T E C S I D L A N O F T B
P R I R U E U E P Z S Q G S R
X T O G D R M N X S A Z V E A
Y O N Q T Z W R D Q L I J R S
D N L X J N M K G U T B Q O R
E C N E I C S E E R T X R F P
```

ARBOR DAY	CONSERVATION	DIVERSITY
FOREST GUARDIAN	HERBARIUM	JOY MORTON
MORTON SALT	PRAIRIE	PUBLIC GARDEN
RESTORATION	SCHULENBERG	TREE SCIENCE

Chicago Food

```
F E E B N A I L A T I Q C O J
H K A K C A J R E K C A R C D
L T W I N K I E J I U X Y O N
F H S I D P E E D Y U Q K I R
F R I E D C H I C K E N X J R
E A P R X K Q M S C S N D C D
Q Q J Q M U G S Y E L G I R W
O N R O C P O P T T E R R A G
E I F F S C U L G C Q R W H H
V Z T R D J I B A R I T O R D
Y R O F M A L O R T Z N H K Q
P A W X S Z E N L Y C Q F L X
H S J E N O C W O B N I A R O
E U C E B R A B H O T D O G L
A W W L X J U B A B Y D F Z Z
```

BARBECUE	CRACKER JACK	DEEP DISH
FRIED CHICKEN	GARRETT POPCORN	HOTDOG
ITALIAN BEEF	JIBARITO	MALORT
RAINBOW CONE	TWINKIE	WRIGLEY'S GUM

Welcome to Indiana

Across

3 The largest state park in Indiana.

5 Location of the first professional baseball game

7 Famous singing group originating in Gary, Indiana.

8 Home of the only known working rotary jail.

9 Popular doll created by Johnny Gruelle of Indianapolis.

11 Site of a surprise attack by Americans during the Revolutionary War.

12 A resident of Indiana.

Down

1 Capital of Indiana.

2 Battlefield memorializing Native American resistance.

4 Annual boat race on the Ohio River.

6 Historic site that dates back over 1,000 years.

10 Known as the "Limestone Capital of the World."

Indiana Dunes National Park

```
C U G N K T G G Y R C Z C U X
V B L L E U B Y H T O R O D D
L I A R T E G D I R C U R Z P
W G W I U Q G Q O W C W L O V
G U C I W E T L A N D S L J I
C H E L L B E R G F A R M Q E
N S L A Q P O N M H S R A M B
H E R O N R O O K E R Y J P Q
K K U V B L A O U T X T X A K
L J P L A N G O B S E L W O C
O F R D K W E S T B E A C H M
D A E T S E M O H Y L L I A B
Y P A U L D O U G L A S W M G
L Y D L A B T N U O M J Y V B
Q R R I V E R W A L K R N Z N
```

BAILLY HOMESTEAD	CHELLBERG FARM	COWLES BOG
DOROTHY BUELL	HERON ROOKERY	MARSH
MOUNT BALDY	PAUL DOUGLAS	RIDGE TRAIL
RIVERWALK	WEST BEACH	WETLANDS

Mackinac State Historic Parks

```
J  P  H  G  F  O  R  T  H  O  L  M  E  S  U
R  H  K  R  A  P  Y  R  E  V  O  C  S  I  D
S  F  O  R  T  M  A  C  K  I  N  A  C  K  X
W  W  Y  U  R  L  U  A  V  V  G  C  X  N  Z
W  W  X  N  O  R  U  H  E  K  A  L  S  S  M
G  N  I  D  N  A  L  H  S  I  T  I  R  B  M
N  A  B  R  A  C  B  I  M  M  G  M  V  U  Z
E  S  U  O  H  E  L  D  D  I  B  C  D  O  F
F  J  W  K  P  T  J  T  H  U  K  F  E  F  N
I  I  K  V  V  E  V  A  C  L  L  U  K  S  D
U  D  H  C  R  U  H  C  N  O  I  S  S  I  M
V  K  C  O  R  H  C  R  A  R  L  F  T  M  N
R  J  N  C  O  L  O  N  I  A  L  I  U  W  Y
J  T  M  I  L  L  C  R  E  E  K  J  G  U  K
E  T  M  J  K  C  A  Q  F  R  C  M  Q  D  D
```

ARCH ROCK	BIDDLE HOUSE	BRITISH LANDING
CAR BAN	COLONIAL	DISCOVERY PARK
FORT HOLMES	FORT MACKINAC	LAKE HURON
MILL CREEK	MISSION CHURCH	SKULL CAVE

Henry Ford Museum

```
X  S  T  E  A  M  E  N  G  I  N  E  N  J  L
J  X  G  L  M  X  C  I  N  A  T  I  T  M  F
W  K  F  E  A  O  R  N  A  M  E  N  T  S  W
L  H  I  N  D  U  S  T  R  I  A  L  I  S  T
Z  N  O  S  I  D  E  S  A  M  O  H  T  F  A
X  A  Q  M  C  Y  N  S  G  D  W  X  Q  N  I
R  O  T  C  A  R  T  N  O  S  D  R  O  F  Q
T  U  K  C  I  R  R  E  D  T  R  E  B  O  R
E  T  U  T  I  T  S  N  I  N  O  S  I  D  E
Z  D  E  L  I  B  O  M  R  E  N  E  I  W  T
Z  E  L  I  B  O  M  O  T  U  A  O  P  O  V
Q  X  Q  A  J  K  Z  B  I  B  K  Y  P  V  W
D  T  U  E  L  L  A  I  R  Q  G  Z  G  Q
E  L  C  Y  C  I  R  D  A  U  Q  S  I  R  I
I  J  T  D  B  U  R  O  S  A  P  A  R  K  S
```

AUTOMOBILE	EDISON INSTITUTE	FORDSON TRACTOR
INDUSTRIALIST	ORNAMENTS	QUADRICYCLE
ROBERT DERRICK	ROSA PARKS	STEAM ENGINE
THOMAS EDISON	TITANIC	WIENERMOBILE

Cleveland, Ohio

```
A C C M U A X E P C W E B O I
V U X O D C A M Z I E R Q I Z
E L B S D H J E S N S O Y X B
N T I E V R H N D I T C I I B
G U T S D I U I O L S K D K Z
E R A C G S F N H C I A F E G
R A R L D T O B O N D N S E I
S L T E G M R L B S E D A W L
A G S A R A E A U P M R Y N I
T A E V I S S C T B A O A O B
D R H E N S T K L D R L R I Q
O D C L E T C I K F K L C H W
S E R A O O I Q W L E R A S K
U N O N N R T I X W T F D A F
R S Q D J Y Y X K K G P E F I
```

A CHRISTMAS STORY	ARCADE	AVENGERS
CLINIC	CULTURAL GARDENS	FASHION WEEK
FOREST CITY	MEN IN BLACK	MOSES CLEAVELAND
ORCHESTRA	ROCK AND ROLL	WESTSIDE MARKET

Yoder's Amish Home

```
H H K E V O N U G T E F T G T
E E A P B H E L Q H D A R L O
S Q S I M O S D Z O I Z Q V U
U N E A A U F D M R H I P Z
O T D P N S O N T E Y G K D D
H M I P I E H Z U M G L H W M
L I U L M T G B X A G O A D W
O E G E A O I A S D U R N V D
O S L B L U B R E E B I V Y P
H V A U F R E N I B H A S S A
C U C T A W H T P R E Y L P F
S O O T R W T O P E F O W D F
Q Z L E M V S U U A G D U O N
D K H R P N A R P D D E C P D
S E L I Y O D E R W C R E B V
```

ANIMAL FARM	APPLE BUTTER	BARN TOUR
BUGGY RIDE	ELI YODER	GLORIA YODER
HOMEMADE BREAD	HOUSE TOUR	LOCAL GUIDES
PUPPIES	SCHOOLHOUSE	THE BIG HOUSE

National Underground Railroad

```
O H Y C M C V X P Y L V K N J
H R J S C I N D H F K R A L Z
F A M I L Y S E A R C H N S L
N A M B U T T E I R R A H Y J
I D A B W E L L S Q I S P D T
N O I T I L O B A I Y G H W C
Z T T A D L A S L K Y D Z R A
O K H X G N I K C I F F A R T
P I S R H R F U G I T I V E Y
R E T N E C N O I T A C U D E
F R E E D O M S T A T I O N P
Y F D C I V I L W A R I U P E
Q N Q Q U A K E R S I R V Y P
S U I T E F O R F R E E D O M
O X E D A R T E V A L S J R F
```

ABOLITION	CIVIL WAR	EDUCATION CENTER
FAMILY SEARCH	FREEDOM STATION	FUGITIVE
HARRIET TUBMAN	IDA B. WELLS	QUAKERS
SLAVE TRADE	SUITE FOR FREEDOM	TRAFFICKING

Welcome to Kentucky

Across

3 Oldest city in Kentucky, founded in 1774.

6 Largest swinging bell in the world.

8 Beautiful geographic region known for raising racehorses.

9 Kentuckian famous for being the first to observe Mother's Day, in 1887.

10 This horse race is the oldest continuously running sporting event in the U.S.

11 The capital of Kentucky, established in 1786.

Down

1 Army post containing billions of dollars worth of gold.

2 This staple of American fast food was invented in Louisville.

4 American businessman known for creating Kentucky Fried Chicken.

5 Known as the world's longest cave.

7 Highest point in Kentucky.

Mary Todd Lincoln House

```
H  B  V  S  S  Y  D  A  L  T  S  R  I  F  S
K  N  F  R  J  I  X  O  H  S  G  P  W  T  L
M  N  C  C  C  O  X  Y  E  H  M  A  I  X  A
O  U  H  V  Z  O  E  L  O  U  S  A  J  T  V
R  N  O  E  O  J  B  P  E  H  R  M  T  F  E
K  A  L  Z  D  A  K  S  H  T  M  D  P  H  Q
M  L  E  P  T  Q  U  O  R  W  Q  F  X  G  U
P  U  R  S  A  M  U  O  U  I  L  V  H  B  A
F  E  A  I  E  S  P  X  E  D  E  G  T  S  R
H  B  Z  S  E  Y  F  Q  L  G  Z  J  D  U  T
O  Y  U  H  L  H  T  K  Z  U  F  B  M  L  E
J  O  S  I  A  Z  Z  R  Z  H  G  R  K  U  R
H  S  M  O  K  E  H  O  U  S  E  T  N  P  S
L  A  B  R  A  H  A  M  L  I  N  C  O  L  N
F  E  E  S  U  O  H  E  G  A  I  R  R  A  C
```

ABRAHAM LINCOLN	BEULA NUNN	CARRIAGE HOUSE
CHOLERA	FAMILY PORTRAITS	FIRST LADY
HOUSE MUSEUM	KMPF	SLAVE QUARTERS
SMOKEHOUSE	STABLES	WASHHOUSE

Churchill Downs

```
E R G S E D I T S I R A Y S U
J Y K J I P C I D T S M C V T
O N E J J A L N X E O T E B H
C W N T I U A U C D L W R L A
K H T G E I R W B C I I U W L
E R U V D B K C T P V N T D P
Y K C U O E H J G N E S N Y S
X L K C R Q A M P A R P E L T
X U Y U U K N A H R L I V E A
D P O H F S D F G U E R A U K
V V A V C C I D G W W E N E E
J T K G U I C B E K I S O B S
S R S R J U A X X R S P B E V
A O B P E Z P Y R V B B L Z O
X H O R S E R A C E B Y U K Y
```

ARISTIDES	BET	BONAVENTURE
CLARK HANDICAP	DERBY	HATS
HORSE RACE	JOCKEY	KENTUCKY OAKS
OLIVER LEWIS	STAKES	TWIN SPIRES

Indiana State Museum

```
U X R W W T Y L L I L I L E D
M W F H O O S I E R U J L Z K
P T J O E G P X D O V T L A J
C O U N T Y W A L K V R V A N
V Y R E L L A G D R O F R H V
H K U K O E N D M G P A K O T
K J L L A H Y T I C H S Q C D
R E T A E H T Y C A G E L B P
A F D J W P G Q Y O O G O I A
H A R O L D H A N D L E Y U L
K R A P R E V I R E T I H W X
Y R O T S I H L A R U T L U C
T C G K P L I M U L U D N E P
N A T U R A L H I S T O R Y U
L T Z T E A R O O M S Q L F T
```

CITY HALL	COUNTY WALK	CULTURAL HISTORY
ELI LILLY	FORD GALLERY	HAROLD HANDLEY
HOOSIER	LEGACY THEATER	NATURAL HISTORY
PENDULUM	TEAROOM	WHITE RIVER PARK

Lincoln Home National Historic Site

```
R S R U O T L A U T R I V G I
S E P N L O C N I L E I D D E
T N L O C N I L T R E B O R Z
E E Z G U R H W L L X O F K G
V N L O C N I L M A H A R B A
K Q L A V I V E R K E E R G C
F R E E A D M I S S I O N S F
S N E E B M O T N L O C N I L
B E C O X X K P K M E U E I M
J T V P K P E M Z R V F C T G
C A M P A I G N M T C L S F I
G N Z J U G Y C N N J Z E K H
W E O I D L O N R A Y K G G W
T S V S L R M S Z U E E S X Q
H M W K J G O X A H V D Q B W
```

ABRAHAM LINCOLN	ARNOLD	CAMPAIGN
DEAN	EDDIE LINCOLN	FREE ADMISSION
GREEK REVIVAL	LINCOLN TOMB	ROBERT LINCOLN
SENATE	VIRTUAL TOUR	WHIG

St. Louis, Missouri

```
L I N G L C C A R D I N A L S
R T E D D R E W E S C Q O L V
I O O Z S I U O L T S V Z U Q
O R M J L A Q K T S E L I O T
Y T I C D N U O M V J F P N T
U A E T U O H C E T S U G U A
S D Z P A G N L T G A W V O X
W S T E A M B O A T R Z L B F
F C I T Y M U S E U M R D Y G
D A D A W O R L D S F A I R E
E D E L C A L E R R E I P W V
L L A O N A M A I K B Z I C W
X I P P I S S I S S I M G C O
D X I S I U O L G N I K B Z C
Z G C K U F I L G W P G L B K
```

AUGUSTE CHOUTEAU	CARDINALS	CITY MUSEUM
KING LOUIS IX	MISSISSIPPI	MOUND CITY
PIERRE LACLEDE	STEAMBOAT	ST. LOUIS ZOO
TED DREWES	T. S. ELIOT	WORLD'S FAIR

189

Gateway Arch National Park

```
A C G M I M W S R U O T P O T
G Y M V J V E F U E P T N O W
P T E T D T S D U S K A R P K
H Y M E K I T R H U A K O L R
C R O E A R E E C O N B N C A
R A R R L I X D R H J A I Q L
A T I O L P P S A T V E M R C
Y N A S Z S A C T R P J A I D
R E L A H R N O S U S X I G N
A M S A L E S T E O G J N T A
N U R R G E I T L C X Z I T S
E C G I B N O Z L D G H G Q I
T O X N G O N X A L T X R B W
A D X E K I Y I T O O Y I N E
C O M N O P I K X T T Y V A L
```

CATENARY ARCH	DOCUMENTARY	DRED SCOTT
EERO SAARINEN	LEWIS AND CLARK	MEMORIAL
OLD COURTHOUSE	PIONEER SPIRIT	TALLEST ARCH
TOP TOUR	VIRGINIA MINOR	WEST EXPANSION

Midwestern College Tour

Match the school with its team name.

1. _____ University of Michigan

2. _____ University of Notre Dame

3. _____ University of Cincinnati

4. _____ Carleton College

5. _____ University of Chicago

6. _____ University of South Dakota

7. _____ Minot State University

8. _____ Lawrence University

9. _____ Creighton University

10. _____ University of Missouri

11. _____ Purdue University

12. _____ University of Kentucky

A. *BOILERMAKERS*

B. *KNIGHTS*

C. *COYOTES*

D. *BLUEJAYS*

E. *BEAVERS*

F. *FIGHTING IRISH*

G. *TIGERS*

H. *WILDCATS*

I. *MAROONS*

J. *BEARCATS*

K. *WOLVERINES*

L. *VIKINGS*

Lake of the Ozarks

```
M A N M A D E O K T Y Z S Z I
C A O C K S F C J L G W G G R
F O U R T H O F J U L Y Z J D
V Q D L I A R T C I T A U Q A
J S T A R K C A V E R N S W A
P P Z E P A A Y S J O R X P K
D K M P W O B B L Y B O O T S
R Y G F M A G I C D R A G O N
R D X T E E R T S H P L A R Y
J S M A D L L E N G A B Q T W
V E V O C Y T R A P F H Z W N
U O S A G E R I V E R W O H O
G R G M C V Y J M S B B U P A
A Z O O L A P A U Q A N R Y G
L I L V L R E S E R V O I R L
```

AQUAPALOOZA	AQUATIC TRAIL	BAGNELL DAM
FOURTH OF JULY	MAGIC DRAGON	MAN-MADE
OSAGE RIVER	PARTY COVE	RALPH STREET
RESERVOIR	STARK CAVERNS	WOBBLY BOOTS

National World War I Museum

```
N  F  I  E  N  X  B  N  M  M  Y  P  W  D  T
E  R  I  W  E  B  N  O  A  S  U  E  O  Y  H
U  A  M  P  D  M  Y  S  R  I  B  A  B  F  J
T  N  S  N  L  O  V  L  G  R  O  C  S  N  P
R  Z  I  T  U  B  G  I  E  E  A  E  X  E  L
A  F  N  P  F  I  W  W  L  E  T  C  E  T  K
L  E  O  I  U  L  H  W  E  T  W  O  C  M  O
I  R  I  Y  N  I  Z  O  T  N  A  N  I  E  K
T  D  T  R  C  Z  L  R  L  U  R  F  T  W  R
Y  I  A  M  L  A  G  D  A  L  F  E  S  Q  G
R  N  L  O  E  T  F  O  N  O  A  R  I  G  U
Z  A  O  K  S  I  F  O  V  V  R  E  M  H  C
M  N  S  C  A  O  L  W  K  M  E  N  R  Z  K
H  D  I  B  M  N  L  T  V  S  C  C  A  A  C
S  R  E  W  O  P  L  A  R  T  N  E  C  M  J
```

ARMISTICE	CENTRAL POWERS	FRANZ FERDINAND
ISOLATIONISM	MOBILIZATION	NEUTRALITY
PEACE CONFERENCE	TELEGRAM	U-BOAT WARFARE
UNCLE SAM	VOLUNTEERISM	WOODROW WILSON

Welcome to Kansas

Across

1 Town housing replica of Dorothy's house from *The Wizard of Oz.*

3 Only river pronounced differently in Kansas than in other states.

8 One of the nation's leading aircraft manufacturing centers.

9 Known as the "Cow Chip Capital" of Kansas.

11 Nicknamed the "Salt City" due to rich salt deposits.

12 Childhood home of 34th president Dwight D. Eisenhower.

Down

2 Born in Atchinson, first woman to fly across the Atlantic Ocean.

4 First female mayor in the U.S., elected in 1887 in Argonia.

5 The state flower of Kansas.

6 The "Wheat Capital of the World."

7 Home of an over-38-foot-long ball of twine that's still growing.

10 Born in Kansas, first African American woman to win an Oscar.

Oz Museum

```
H F S A M U M P P M J F E V U
E G R E G L O B D F J N O G S
S A E P J F Q A P K V T R O N
U R P E O R C Y N I H D P I N
O L P K C I R B W O L L E Y G
H A I K L Y S X J Q S I I T Z
N N L W O O Z Y D O L L S C G
I D S F I G L L I R R E M F V
K L Y Y D V M G M C R O J M F
H N B F S Y G P S O M M Y B I
C R U I M R E C F A H L U U V
N S R E H T O R B R E K R A P
U S L O L I V E R H A R D Y B
M G S G Y A E O S G O W J S H
I X U T M A M F G G F G Z H T
```

BAUM	BOLGER	FOREST
GARLAND	MERRILL	MGM
MUNCHKIN HOUSE	OLIVER HARDY	PARKER BROTHERS
RUBY SLIPPERS	WOOZY DOLL	YELLOW BRICK

Dwight D. Eisenhower Library

```
W  Y  U  N  A  C  I  L  B  U  P  E  R  I  Z
E  E  A  T  E  F  S  S  X  Y  T  M  K  I  W
U  I  W  D  I  V  A  D  P  M  A  C  S  R  V
F  A  M  K  S  N  O  D  S  T  E  S  F  A  B
A  V  U  A  C  N  A  A  N  X  S  K  E  W  O
B  B  J  A  M  A  A  M  K  A  C  F  I  D  Y
N  O  I  T  A  G  E  R  G  E  S  E  D  L  S
V  J  V  H  U  Y  S  Y  E  M  V  F  W  R  C
G  J  T  V  I  L  J  A  E  T  R  F  U  O  O
E  L  L  U  A  G  E  D  R  L  E  Q  X  W  U
K  P  Y  L  O  N  S  B  Y  R  W  V  Z  C  T
I  D  A  E  I  S  E  N  H  O  W  E  R  Y  S
L  R  J  J  A  L  C  T  P  A  D  B  K  L  Q
J  X  R  N  G  D  T  N  I  O  P  T  S  E  W
V  W  U  X  G  D  I  Z  G  V  W  G  R  W  B
```

BOY SCOUTS	CAMP DAVID	DE GAULLE
DESEGREGATION	IDA EISENHOWER	IKE
MAMIE	PYLONS	REPUBLICAN
VETERANS DAY	WEST POINT	WORLD WAR II

Willa Cather Center

```
J B A E B K R E Z T I L U P L
O V O I A I N O T N A Y M O E
I V L W G W J O S M Z Q T H C
A O P E R A H O U S E Z V R Q
J F Y T R O L L G A R D E N M
D P N A F T H E S P E R I A N
S T H G I L I W T L I R P A Q
R J R E H T A C M A I L L I W
H I U Z H T E H E O R J Z K I
A Y Y A K N O P F I X C S E R
E D I T H L E W I S R I E O H
H J O N E O F O U R S I F S Y
N B G D X X R A I L R O A D G
Z A H P Q A H P W K U Y J R I
O F B B H M O W D S U U L K P
```

APRIL TWILIGHTS	EDITH LEWIS	HESPERIAN
KNOPF	MY ANTONIA	ONE OF OURS
OPERA HOUSE	PRAIRIE	PULITZER
RAILROAD	TROLL GARDEN	WILLIAM CATHER JR.

Scotts Bluff National Monument

```
M N R M I R V E K K M Y R F E
S O B A W O A M C T Z J W T A
L S E N P D S I I C F K S U U
I L G I O I Y G N A L M T G W
S I E F N R H R F S M I R M T
S W M E Y R P A E E I T A E N
O W N S E O A N N I Y C T A G
F O I T X C R T E T V H A P P
J R E D P L G B C I H E L A W
I D D E R I O O O U E L C T Y
H O N S E A P G G Q P L Y E Y
G O Q T S R O Q I I X P H W H
L W O I S T T I L T W A N J H
W D R N D S C G O N P S Z G E
U U G Y J K O F I A T S U H T
```

ANTIQUITIES ACT	EMIGRANT	FOSSILS
MANIFEST DESTINY	MEAPATE	MITCHELL PASS
OLIGOCENE	PONY EXPRESS	STRATA
TOPOGRAPHY	TRAIL CORRIDOR	WOODROW WILSON

Crazy Horse Memorial

```
Z I O L K O W S K I H V Y K I
U L Q R J S B Q X C J F C D C
G N I V R A C M A T O N A J I
B D O T Y Y A S R W P Q F N J
A T O K A L A L A L G O T E O
P R E S E R V E C U L T U R E
Z L M S L L I H K C A L B L A
N E Q O B O K G B K Q D V I Z
T H J F D A E H R E D N U H T
P E I N D I A N M U S E U M M
X D G E Q P R E D A E L R A W
F E T T E R M A N F I G H T R
I A C O K T I W E K N U S A T
Q O I M E V C D Z W B W S N O
B S A C R E D L A N D R A G B
```

BLACK HILLS	CARVING	FETTERMAN FIGHT
INDIAN MUSEUM	MATO NAJI	OGLALA LAKOTA
PRESERVE CULTURE	SACRED LAND	TASUNKE WITKO
THUNDERHEAD	WAR LEADER	ZIOLKOWSKI

Mount Rushmore National Memorial

```
N  G  V  G  D  V  N  O  S  R  E  F  F  E  J
C  K  G  B  O  R  G  L  U  M  H  E  T  A  S
R  O  E  O  T  X  D  K  N  L  O  C  N  I  L
M  N  D  R  O  B  I  N  S  O  N  N  K  P  C
J  C  B  R  E  N  P  R  O  C  E  E  G  W  B
Z  R  O  O  S  E  V  E  L  T  H  D  W  W  N
W  A  S  H  I  N  G  T  O  N  T  N  Y  V  F
G  Q  I  I  S  U  B  R  P  E  L  E  D  F  W
N  O  I  S  N  A  P  X  E  F  F  P  Z  S  J
S  Y  M  B  O  L  O  F  F  R  E  E  D  O  M
A  R  A  F  J  D  Y  F  O  U  N  D  E  R  S
Z  S  N  G  L  T  X  I  R  X  Q  N  I  X  R
V  N  Y  H  X  B  N  W  U  H  V  I  L  T  Y
R  D  M  I  X  U  L  M  U  L  G  R  O  B  L
W  V  S  L  F  M  B  U  P  B  P  C  I  C  Y
```

EXPANSION	FOUNDERS	G. BORGLUM
INDEPENDENCE	JEFFERSON	L. BORGLUM
LINCOLN	ROBINSON	ROOSEVELT
SIXTY FEET	SYMBOL OF FREEDOM	WASHINGTON

Midwestern Tasting Tour

Match the food celebration with it location.

1. ____ Potato Days   *A. MUSCODA, WISCONSIN*

2. ____ Blue Ribbon Bacon Festival   *B. VERMONTVILLE, MICHIGAN*

3. ____ Maple Syrup Festival   *C. LONG GROVE, ILLINOIS*

4. ____ Chocolate Fest   *D. MADISON, WISCONSIN*

5. ____ Morel Mushroom Festival   *E. CLARK, SOUTH DAKOTA*

6. ____ Milk Days   *F. MILWAUKEE, WISCONSIN*

7. ____ Asparagus Festival   *G. DES MOINES, IOWA*

8. ____ World's Largest Brat Fest   *H. HARVARD, ILLINOIS*

9. ____ Strawberry Days   *I. HOPKINS, MINNESOTA*

10. ____ Taco Fest   *J. EMPIRE, MICHIGAN*

11. ____ Rhubarb Fest   *K. STRAWBERRY POINT, IOWA*

12. ____ Raspberry Festival   *L. DULUTH, MINNESOTA*

Badlands National Park

```
X  G  G  P  I  N  N  A  C  L  E  S  S  M  S
W  I  H  O  R  G  A  N  Y  D  D  D  R  W  E
I  C  E  Q  P  L  Q  D  K  D  A  Z  E  H  D
L  H  Q  C  D  A  V  Q  T  X  X  S  D  I  I
P  E  Q  P  N  M  A  K  O  S  I  C  A  T  M
G  Y  W  D  B  A  L  N  F  L  X  S  E  E  E
W  E  T  U  I  E  D  S  V  R  Z  D  T  R  N
A  N  C  W  G  S  R  T  R  C  S  A  S  I  T
R  N  S  T  H  A  P  O  S  S  M  L  E  V  S
I  E  X  O  O  B  H  R  S  O  Z  V  M  E  Q
K  W  W  E  R  D  U  T  L  I  H  B  O  R  G
A  R  E  P  N  L  T  X  R  R  O  G  H  Q  X
R  V  E  R  T  E  B  R  A  T  E  N  H  F  U
A  I  E  H  N  B  O  W  L  Y  A  E  F  G  A
P  A  R  M  U  I  R  E  H  T  O  E  L  A  P
```

ARIKARA	BIG HORN	CHEYENNE
EROSION	GHOST DANCE	HOMESTEADERS
MAKO SICA	PALEOTHERIUM	PINNACLES
SEDIMENTS	VERTEBRATE	WHITE RIVER

Mitchell Corn Palace

```
W  J  J  A  M  I  X  D  S  Q  Q  L  S  Q  Q
O  T  H  G  O  W  P  H  B  T  V  D  G  H  T
R  J  T  R  O  P  W  B  A  F  G  D  M  R  R
L  L  I  I  R  Y  H  G  T  R  O  D  E  M  A
D  A  W  C  I  H  U  Q  J  M  V  X  L  M  P
S  V  K  U  S  Y  T  F  F  R  Y  E  T  C  O
O  I  C  L  H  J  I  I  O  I  U  E  S  O  R
N  T  E  T  R  K  F  P  L  G  C  W  A  T  C
L  S  B  U  E  T  Q  S  K  V  Y  O  C  L  O
Y  E  H  R  V  L  R  C  A  P  W  H  N  A  A
R  F  X  E  I  F  Q  H  R  R  F  R  E  R  B
S  D  E  S  V  G  F  U  T  Q  T  A  D  U  H
T  M  F  H  A  Q  U  L  O  M  T  C  O  M  O
E  X  V  O  L  R  L  T  D  D  A  S  O  J  F
V  I  T  W  F  E  N  Z  P  Q  S  O  W  U  E
```

AGRICULTURE SHOW	BECKWITH	CROP ART
FESTIVAL	FOLK ART	HARVEST
MOORISH REVIVAL	MURAL	OSCAR HOWE
SCHULTZ	WOODEN CASTLE	WORLD'S ONLY

Maah Daah Hey Trail

```
L H E L P O E P N A D N A M Q
Y O O T U I N V I P M W O Y M
V A V R P D U S T E I U G F O
I S N S S D F H D X N T D J N
C I F P D E O O X T U F S Z S
E Q Q I H N R M A R V S S P O
C I Z I D A A I T T E B A A T
A A H A B I N L D V J D P G U
V Q B T C B E N D I G S S O R
E Y T X I Z N L E A N I L L K
S P K K W X E W D P B G I A E
K Z I X Z I S Y E Z W G V F Y
E N W O L F T R A I L Q E F S
G R A M R S E T O Y O C D U M
Y T O D W X J F U N Q M T B H
```

BADLANDS	BUFFALO GAP	COYOTES
DEVIL'S PASS	HORSE RIDING	ICE CAVES
MANDAN PEOPLE	MEDORA	MOUNTAIN BIKING
TURKEYS	TURTLE	WOLF TRAIL

Theodore Roosevelt Nature & History Association

```
S N O I L N I A T N U O M A R R
R R E C O E J P K O K R O N F S
E L K Y U F A N U X W W W H G
G Z U J W L P N O S I B M K D
N L Y G R R T I Z W S Y N I N
A B J U O M V D X R F H U K H
R D H F P D R N O R S A K L T
R C I N K Q J A G O U D I A C
O T H J W E F E Y E N X E W J
I N O I T A V R E S E R P D D
N P U B L I C L A N D S C R B
U N O I T A V R E S N O C I K
J P L K E F T L N R S T Z B T
E G U F E R E F I L D L I W H
N T C A S E I T I U Q I T N A
```

ANTIQUITIES ACT	BIRD WALK	BISON
CONSERVATION	ELK	JUNIOR RANGERS
MOUNTAIN LIONS	NONPROFIT	PRESERVATION
PUBLIC LANDS	USFS	WILDLIFE REFUGE

Midwestern Music and Cultural Festivals

Mark the correct box where the regional cultural event takes place.

1. The Bristol Renaissance Faire in ____ was rebranded from King Richard's Faire in 1988. This event recreates Queen Elizabeth I's visit to the English city of Bristol in 1574.

- ☐ A. Green Bay, WI
- ☐ B. Madison, WI
- ☐ C. Kenosha, WI
- ☐ D. Appleton, WI
- ☐ E. Milwaukee, WI

2. Forecastle in ____ is a three-day festival that brings together music, art, and activism at Waterfront Park. The name is derived from the nautical term for the upper deck of a sailing ship.

- ☐ A. Louisville, KY
- ☐ B. Lexington, KY
- ☐ C. Frankfort, KY
- ☐ D. Somerset, KY
- ☐ E. Covington, KY

3. The annual Swedish Days Midsommar Festival in ____ spans six days in June. Originating in 1949, this festival offers culturally inspired food, rides, craft shows, and music in celebration of Swedish heritage.

- ☐ A. Chicago, IL
- ☐ B. Peoria, IL
- ☐ C. Rockford, IL
- ☐ D. Geneva, IL
- ☐ E. Champaign, IL

4. 80/35 is a multiday music festival held in ____ and named after two prominent interstates that intersect nearby. It offers a unique blend of regional and local acts as well as art, food, beverages, and shopping.

- ☐ A. Cedar Rapids, IA
- ☐ B. Davenport, IA
- ☐ C. Des Moines, IA
- ☐ D. Ames, IA
- ☐ E. Dubuque, IA

5. The Irish Fair of Minnesota is hosted in Harriet Island Regional Park in ____. Celebrating Irish traditions, its proceeds benefit the local Irish cultural communities.

- ☐ A. Minneapolis, MN
- ☐ B. Duluth, MN
- ☐ C. St. Paul, MN
- ☐ D. St. Cloud, MN
- ☐ E. Bloomington, MN

6. The Black Hills Pow Wow in ____ has the theme "Come Dance with Us" in an effort to create a welcoming environment for all to enjoy the song and dance of Great Plains indigenous people.

- ☐ A. Sioux Falls, SD
- ☐ B. Pierre, SD
- ☐ C. Aberdeen, SD
- ☐ D. Rapid City, SD
- ☐ E. Watertown, SD

7. The Native American Festival in ____ offers the sounds of drums, dances, and food developed over generations. It opens a window to the rich culture of the Anishinaabe people on the grounds of the Museum of Ojibwa Culture.

- ☐ A. Grand Rapids, MI
- ☐ B. St. Ignace, MI
- ☐ C. Detroit, MI
- ☐ D. Ann Arbor, MI
- ☐ E. Warren, MI

8. The Hunting Moon Pow Wow in ____ brings together a wide range of Native American cultures. Attendees are able to exchange vibrant history and traditions with one another while also connecting to non-Native people.

- ☐ A. Eau Claire, WI
- ☐ B. Appleton, WI
- ☐ C. Milwaukee, WI
- ☐ D. Kenosha, WI
- ☐ E. Madison, WI

Welcome to Minnesota

Across

3 Capital of Minnesota.

5 The "Lutefisk Capital" of the United States.

8 Home of the Mall of America.

9 State park on the shore of Lake Superior.

11 World's largest network of indoor pedestrian pathways.

12 Home of the world's largest Paul Bunyan statue.

Down

1 Possible record left by Viking explorers.

2 State fish of Minnesota.

4 One of the world's largest open-pit mines.

6 Park named after a fictional Native American woman.

7 Home of the Mayo Clinic.

10 Oldest state park in Minnesota.

Voyageurs National Park

```
P F V L P A U V V K M V Y N C
D E Y R A I N Y L A K E Q Q D
U I W U X B U N B A S S F O J
V F L N O T S R A M P M A C W
U M Q G A R R E T T C A B I N
F U J I T A C A B I N V G E N
O M J F T V T B R H S V P T N
J E G D O L D O O W D A E M G
I X S Y A W H G I H R E T A W
B J A C Q U E S D E N O Y O N
W I K D S B U E K Y T C O L C
E T A T S E L L O S R E G N I
F J K E T T L E F A L L S G M
Z R V I E D A R T R U F M N C
N I B A C N I V E L U S H K Z
```

CAMP MARSTON	FUJITA CABIN	FUR TRADE
GARRETT CABIN	INGERSOLL ESTATE	JACQUES DE NOYON
KETTLE FALLS	LEVIN CABIN	MEADWOOD LODGE
OJIBWE	RAINY LAKE	WATER HIGHWAYS

Minnehaha Falls

```
E  T  O  P  E  D  S  S  E  C  N  I  R  P  N
R  S  S  T  O  N  E  B  R  I  D  G  E  C  X
L  O  N  G  F  E  L  L  O  W  P  R  G  V  X
D  N  A  L  E  V  E  L  C  E  C  A  R  O  H
T  S  C  H  P  K  K  N  D  Z  E  I  Y  V  M
H  R  F  O  R  T  S  N  E  L  L  I  N  G  A
U  Q  K  E  N  O  T  S  E  M  I  L  T  A  S
N  U  G  I  L  Q  U  A  R  R  Y  W  N  D  A
P  S  K  Z  B  D  A  M  H  C  S  K  R  K  J
M  I  S  S  I  S  S  I  P  P  I  P  A  R  K
R  S  O  N  G  O  F  H  I  A  W  A  T  H  A
L  E  G  M  C  C  T  D  O  T  I  F  J  O  R
P  H  W  Z  I  X  U  O  I  S  X  U  S  A  N
D  E  L  A  H  S  D  O  O  W  N  E  L  G  R
U  Q  E  N  Y  A  W  Y  B  C  I  N  E  C  S
```

FORT SNELLING	GLENWOOD SHALE	HORACE CLEVELAND
LIMESTONE	LONGFELLOW	MISSISSIPPI PARK
PRINCESS DEPOT	QUARRY	SCENIC BYWAY
SIOUX	SONG OF HIAWATHA	STONE BRIDGE

Answer Key

Boston History

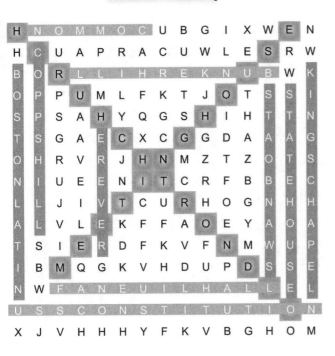

New England College Tour

1. F
2. C
3. A
4. I
5. G
6. J
7. H
8. K
9. E
10. B
11. L
12. D

Plymouth, Massachusetts

Y Z L E P I L G R I M H A L L
B Q T W I N S L O W B A C O N
H S I D N A T S S E L I M C Y
W X P L I M O T H P E U B D N
V R I A H C R E T S W E R B R
J K C O R H T U O M Y L P M Z
F Q C W K O G B P X X U A X
I C O P I E P A B O W L Y L A
R J M F D A Z P T S V V O O H
O Q J T T K S M X X U Z F J Q
D T D U V E R E W O L F Y A M
Z O X G A O N A P M A W T U Z
Q E C R N K M Y O I V X K R N
T F I T I O S A S S A M T V G
G T I S Q U A N T U M M Y E R

New England Islands

1. I
2. C
3. L
4. K
5. A
6. D
7. J
8. F
9. E
10. H
11. G
12. B

211

Answer Key

Cape Cod National Seashore

Newport Cliff Walk and Mansions

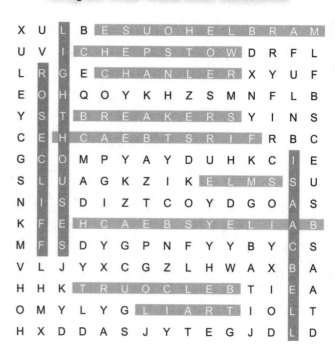

Mystic Seaport

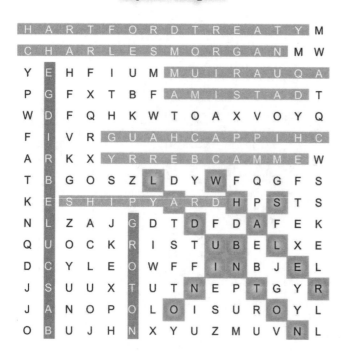

Old Sturbridge Village

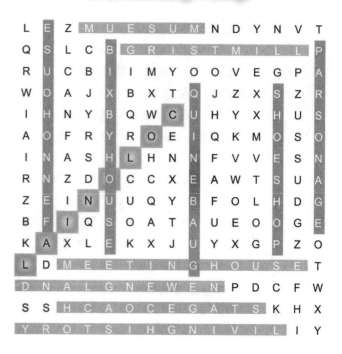

Answer Key

Ben & Jerry's Ice Cream Factory

```
O C K D V P A M V M C T M T S
N F Q H M O H U N O B B S U A
H J S C A S C I N D P S U C G
A B B T H W I M S I C Z L H W
Y M L R L E I V N H L D R K J
R O E N A T R P I F F E V F L
U O A R B G N R B T T O V F J
B R C N I D R X Y S C F O E E
R O H K W C O A N G M A S D R
E V H Q W O O O V P A O H A Y
T A Q I N U M N G E U R R E V
A L A M N R J K E F Y C C E W
W F F R E E C O N E D A Y I S
S R W V M C O J Q U A V R H A
V Y M K O W E P G W E Y C D P
```

Dog Chapel

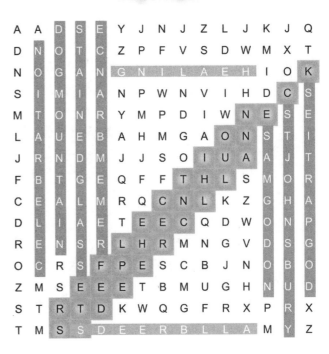

White Mountain National Forest

```
G S Y Y M R E D B A R O N I U
R R L T U R E V I R O C A S F
N F E L B E M A I N E C K S N
E G R E A T C A R B U N C L E
W A L B L F R E V I R T S O L
H B Q R A E A I Z S N X T U D
A B U I N T Y S G X T E B T L
M P A C Q N I P U G S Z I T U
P L B K I O S H O H Q X J G R
S J E S I T R P W N T W B Z D
H A N T A W E O F Z D E U N Q
I G A O D Z T G P G H S R B T
R D K R F N O S I V D G W A W
E E G I S U G A M A C N A K I
J J P E M I G E W A S S E T W
```

Mount Washington

213

Answer Key

Rangeley Lake State Park

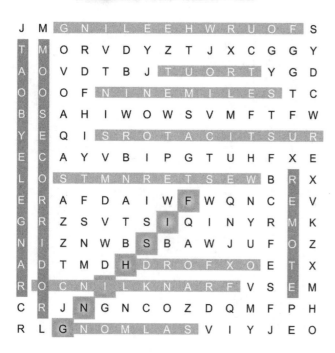

Baxter State Park

New England Tasting Tour

1. C
2. A
3. B
4. E
5. B
6. D
7. C
8. D
9. B
10. A

Acadia National Park

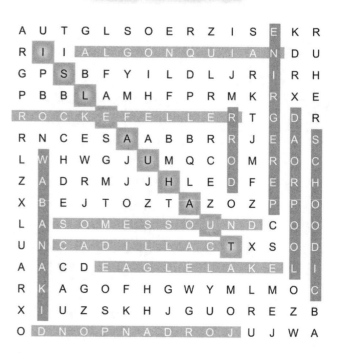

Answer Key

Freeport, Maine

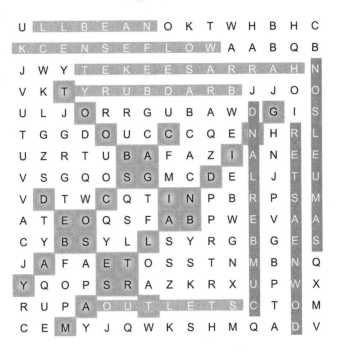

Portland, Maine

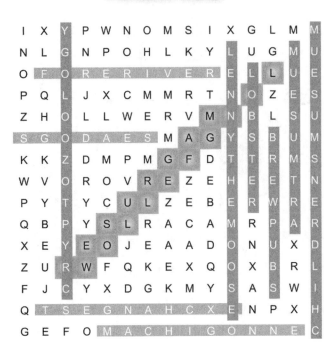

New England Lighthouses

1. E
2. J
3. A
4. L
5. H
6. B
7. F
8. D
9. K
10. I
11. C
12. G

Salem, Massachusetts

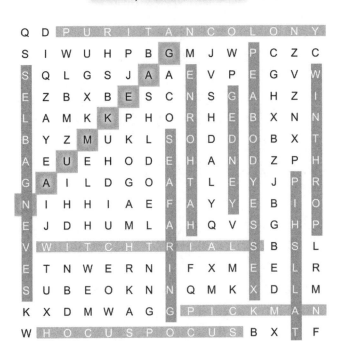

Answer Key

Concord Historic Homes

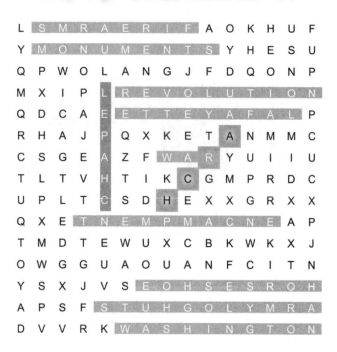

Thomas Edison National Historical Park

Valley Forge National Historical Park

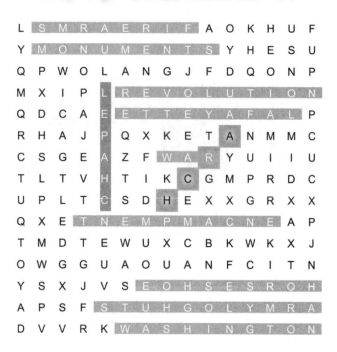

Philadelphia History

Answer Key

Lucy the Elephant

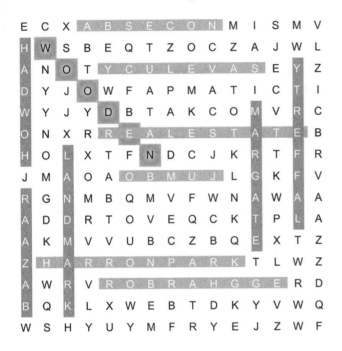

Ocean City Boardwalk

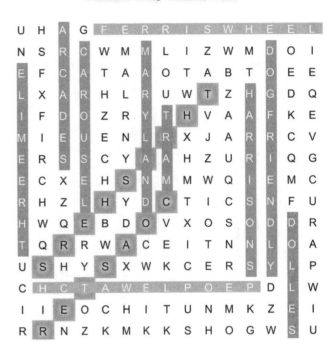

Delaware

Redden State Forest

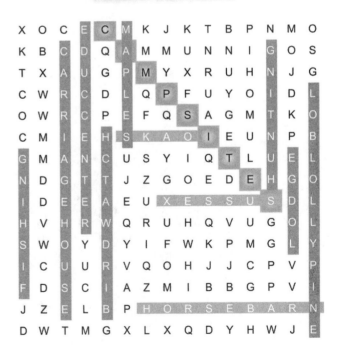

Answer Key

Baltimore, Maryland

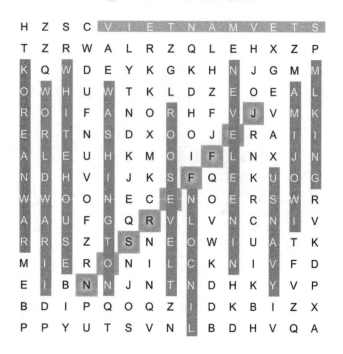

Mid-Atlantic College Tour

1. I
2. D
3. A
4. G
5. J
6. C
7. B
8. E
9. F
10. H

Washington, D. C., Monuments

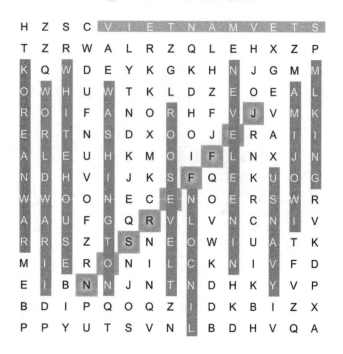

George Washington's Mount Vernon

Answer Key

Mid-Atlantic Tasting Tour

1. E
2. I
3. A
4. G
5. C
6. B
7. J
8. D
9. H
10. F

Colonial Williamsburg

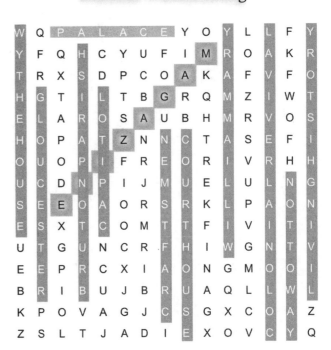

Historic Jamestowne

American Civil War Museum

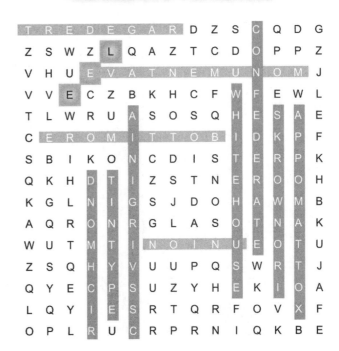

Answer Key

Monticello Museum

```
M S K Z J R X F P C L L M I M
X M V Z D B M Y Y T I Z O O B
N M U A Q N O P I E T O O A P
O R H U X K O W B N T F R Q I
S T I C S C R I I I L E N A
R O M Q W I E S T B E O O B Z
E B K G K K M F R A M K S Q Z
F A K D T L O I I C T P I L A
F C E R M A D O L G N N D C B
E C R K M A N W J Y J V A O X
J O I T Y Z Y N B L U K M L C
W L A C I S S A L C O E N H P
K D O C Q R R H E M I N G S G
I F W O R Y R R E B L U M V A
E P U C S K E L T O N A Y B Y
```

Mid-Atlantic Forests

SPROUL State Forest

```
O P L S R U
U R S P O L
L O R U P S
S U P O L R
P L U R S O
R S O L U P
```

PARVIN State Park

```
V A N P R I
I R P A V N
N V R I A P
P I A V N R
A N I R P V
R P V N I A
```

MARSH POND State Forest

```
S N A R P O M H D
O R M H N D S P A
P H D M A S N R O
D S R O H P A N M
N O H A R M P D S
A M P D S N R O H
H A S N D R O M P
M D N P O A H S R
R P O S M H D A N
```

ZOAR State Forest

```
O R Z A
A Z R O
R O A Z
Z A O R
```

Shenandoah National Park

Harpers Ferry National Historical Park

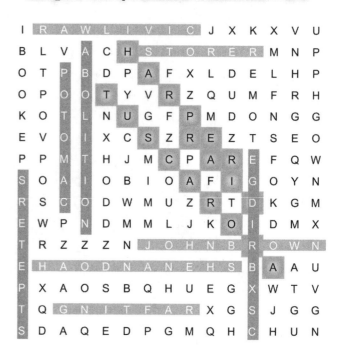

Answer Key

Gettysburg, Pennsylvania

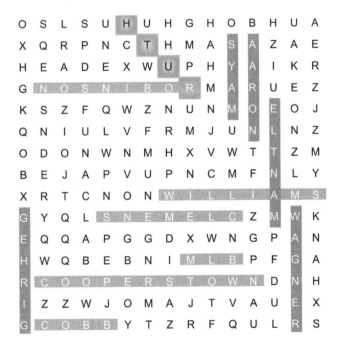

Pittsburgh, Pennsylvania

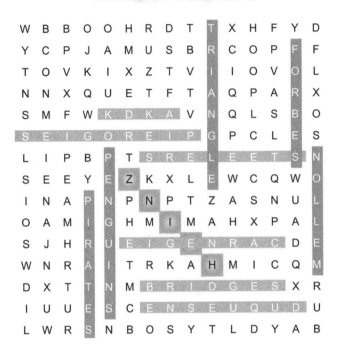

National Baseball Hall of Fame

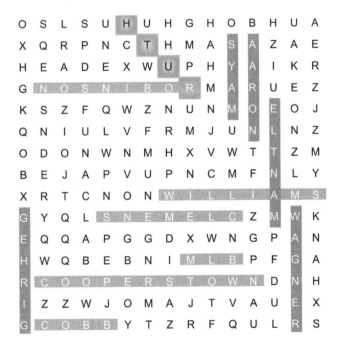

Fort Ticonderoga

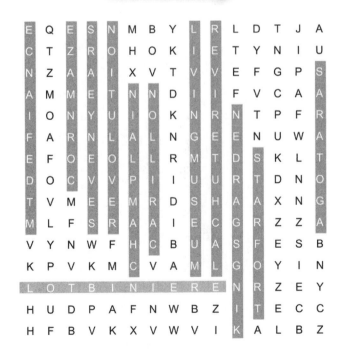

Answer Key

Kaaterskill Falls and the Bayard of Dogs

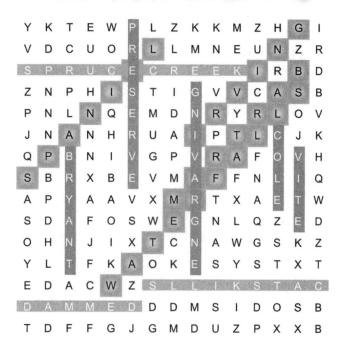

Franklin D. Roosevelt Presidential Library

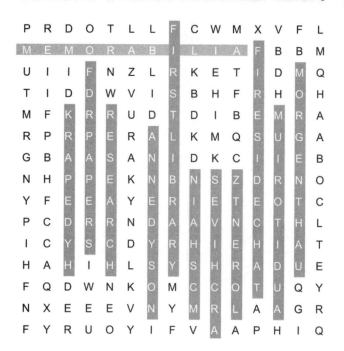

Mid-Atlantic Casinos

1. H
2. E
3. D
4. A
5. J
6. B
7. F
8. I
9. C
10. G

New York City Museums

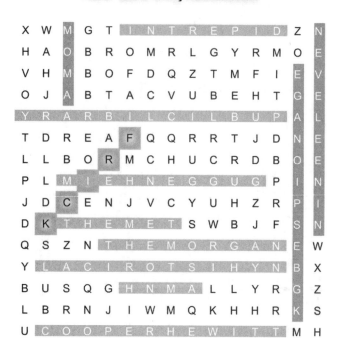

222

Answer Key

Selma to Montgomery National Historic Trail

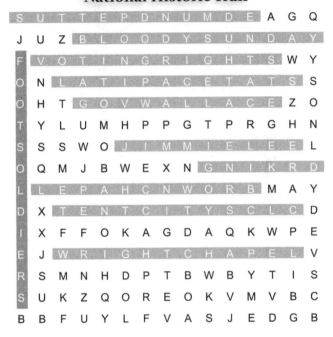

New Orleans Food

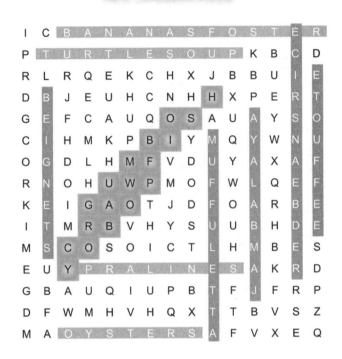

Red Bluff

Vicksburg National Military Park

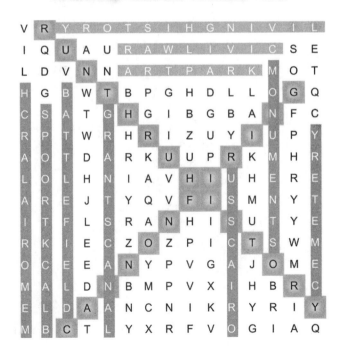

Answer Key

Southeastern Roadside Critters

1. E
2. C
3. G
4. D
5. B
6. I
7. F
8. A
9. H

Natchez National Historical Park

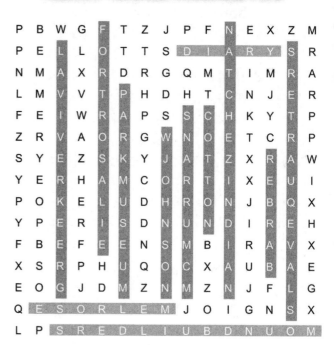

South Toledo Bend State Park

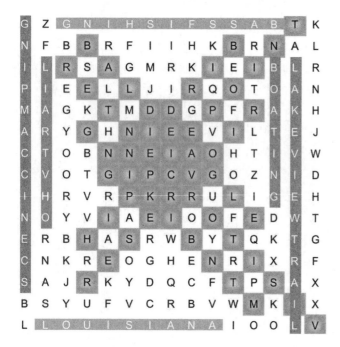

Arkansas

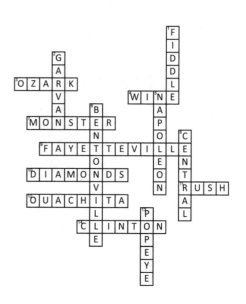

Answer Key

Crater of Diamonds State Park

Arkansas Alligator Farm & Petting Zoo

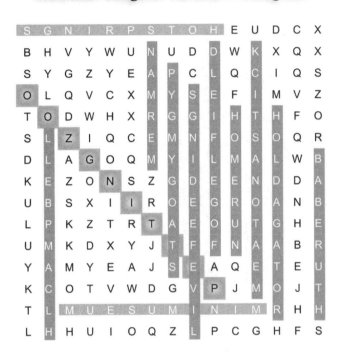

Little Rock, Arkansas

Bentonville, Arkansas

Answer Key

Tennessee

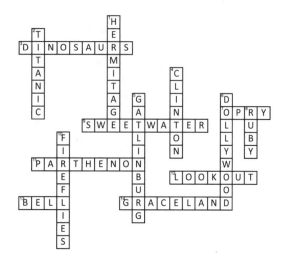

Memphis, Tennessee

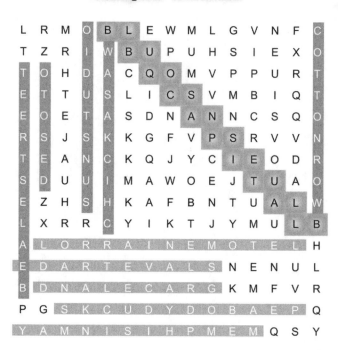

U. S. Space and Rocket Center

Nashville Music

Answer Key

Atlanta Arts and Culture

Southeastern Tasting Tour

1. Key West Key Lime Pie
2. Barbecue Festival
3. Low Country Oyster Festival
4. Crawfish
5. Chitlin Strut
6. Shrimp and Grits Festival
7. Lynchburg
8. Gravette

Great Smoky Mountains National Park

Dollywood

Answer Key

Biltmore

South Carolina

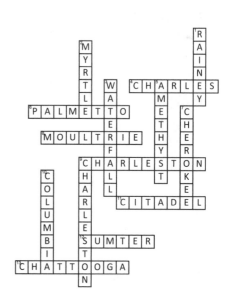

Cowpens National Battlefield

Old Salem Museum & Gardens

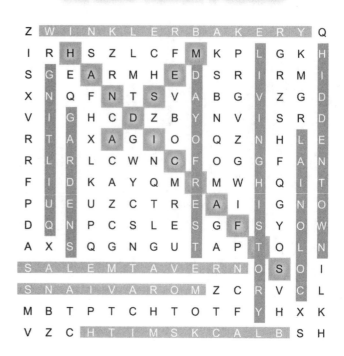

Answer Key

Raleigh & Durham

Southeastern Islands

1. Monkey Island
2. Key West
3. Outer Banks
4. Hilton Head
5. Ocracoke
6. Sullivan's Island
7. Blackbeard Island
8. Jekyll Island
9. Horn Island
10. Avery Island

Southeastern College Tour

1. Duke
2. Hornet
3. Tuskegee
4. Tallahassee
5. Athens
6. Clemson
7. Vanderbilt
8. Citadel
9. Razorbacks
10. Oxford

Charleston, South Carolina

Answer Key

Jacksonville, Florida

Kennedy Space Center

Miami, Florida

Southeastern Beaches

1. G
2. B
3. D
4. A
5. C
6. F
7. E

Answer Key

Coral Castle

Fort Myers, Florida

Tampa & St. Petersburg, Florida

Cherokee Strip Regional Heritage Center

Answer Key

Fort Gibson

Dallas & Fort Worth, Texas

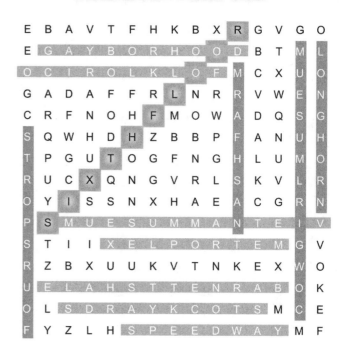

Washington-on-the-Brazos

Southwestern Ghost Towns

1. **B**
2. **C**
3. **D**
4. **A**
5. **C**
6. **B**
7. **E**
8. **A**

Answer Key

Houston, Texas

Austin Music and Arts

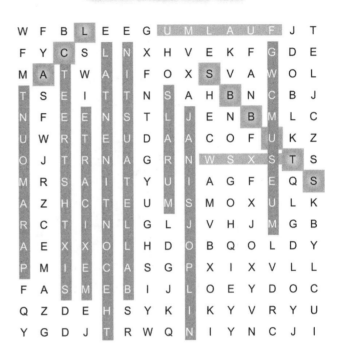

San Antonio, Texas

The Alamo

Answer Key

Southwestern Ranch Life

1. TRUE
2. FALSE
3. TRUE
4. TRUE
5. FALSE
6. TRUE
7. FALSE
8. FALSE
9. TRUE
10. TRUE

Guadalupe Mountains National Park

Roswell, New Mexico

Albuquerque, New Mexico

Answer Key

White Sands National Park

A	O	T	J	B	V	L	R	C	I	L	H	I	M	S
V	K	O	G	B	G	Y	K	C	C	N	J	G	E	A
K	V	M	Z	E	L	N	Q	Q	U	Q	Y	Q	T	N
Q	X	L	O	Q	V	S	I	K	I	P	M	G	S	D
W	B	L	P	T	O	I	S	D	S	P	R	K	Y	S
R	O	A	I	G	H	N	R	U	D	O	K	D	S	T
E	A	O	S	O	Q	A	M	D	U	E	L	U	E	A
V	R	D	P	K	N	S	P	N	S	T	L	S	N	Y
O	D	S	U	P	A	F	D	A	H	E	T	S	U	U
O	W	E	D	N	O	S	O	A	L	Q	N	B	D	C
H	A	Q	D	R	L	A	O	S	T	O	B	U	I	O
S	L	Q	Y	O	O	U	I	O	S	X	O	B	D	L
E	K	X	T	X	D	J	F	C	K	I	B	Z	U	L
R	B	H	J	W	S	R	C	B	L	Z	L	L	A	P
P	S	M	I	L	I	T	A	R	Y	K	W	S	U	W

Gila Cliff Dwellings National Monument

Tumacácori National Historical Park

K	B	Z	B	Z	U	X	O	F	S	V	A	B	S	L
G	I	B	S	E	C	A	Z	A	N	J	P	V	L	D
Z	R	A	D	X	R	N	T	T	O	M	A	S	E	K
H	D	S	L	C	N	Z	O	H	I	R	C	Y	D	A
L	W	K	R	H	W	A	R	E	S	A	H	X	O	U
C	A	E	B	I	Q	T	T	R	S	K	E	T	M	X
Y	L	T	R	H	G	R	I	K	I	D	R	G	E	M
O	K	W	S	U	C	A	L	I	M	L	A	V	Z	A
I	S	E	B	A	G	I	L	N	E	S	I	T	I	H
S	V	A	C	H	H	L	A	O	E	F	D	I	S	D
Q	A	V	H	U	C	E	S	A	R	A	S	U	E	O
Q	R	I	Y	A	I	Y	K	F	H	F	P	S	F	O
J	I	N	Y	X	N	W	B	U	T	G	G	E	I	O
S	C	G	R	I	A	C	X	P	L	D	L	J	L	F
C	R	E	V	I	R	Z	U	R	C	A	T	N	A	S

Southwestern College Tour

1. H
2. F
3. I
4. J
5. E
6. D
7. A
8. B
9. G
10. C

Answer Key

Phoenix Curiosities

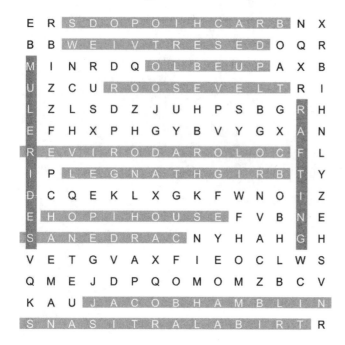

Southwestern Roadside Critters

1. F
2. C
3. E
4. J
5. H
6. A
7. I
8. D
9. G
10. B

Grand Canyon National Park

Zion National Park

Answer Key

Bryce Canyon National Park

Southwestern Tasting Tour

1. H
2. F
3. A
4. B
5. J
6. D
7. G
8. I
9. E
10. C

Arches National Park

Utah Field House of Natural History State Park

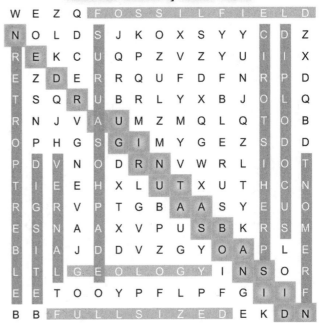

Answer Key

Salt Lake City, Utah

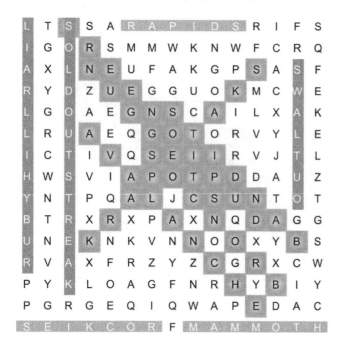

Rocky Mountain National Park

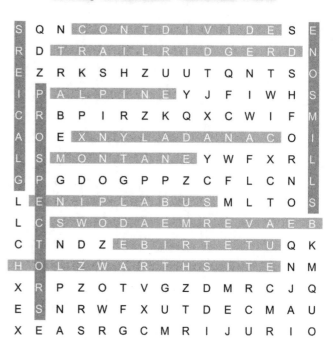

Denver Sports

Bent's Old Fort National Historic Site

238

Answer Key

San Diego, California

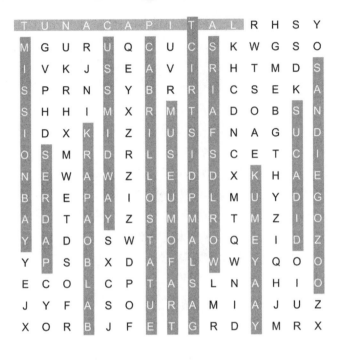

Los Angeles Music and Arts

Western Water Sports

1. TRUE
2. FALSE
3. TRUE
4. TRUE
5. TRUE
6. FALSE
7. TRUE
8. FALSE
9. TRUE
10. FALSE

Venice Beach

Answer Key

Ronald Reagan Library

Big Sur

Western Tasting Tour

1. A
2. E
3. D
4. A
5. B
6. D
7. C
8. A

Monterey Bay Aquarium

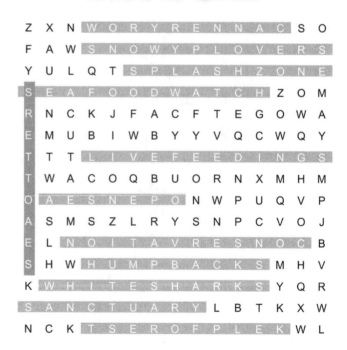

Answer Key

Western College Tour

1. D
2. F
3. A
4. I
5. B
6. C
7. J
8. E
9. G
10. H

Western Wine Tour

1. B
2. E
3. C
4. D
5. A
6. E
7. D
8. C

San Francisco History

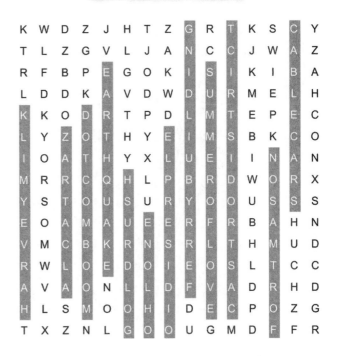

John Muir National Historic Site

Answer Key

The Glass Beach

Sutter's Fort State Historic Park

Lake Tahoe

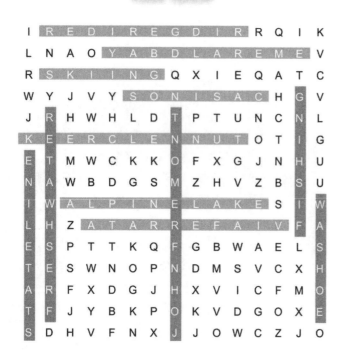

Clown Motel

Answer Key

Death Valley National Park

```
B S T A R W A R S N D P L D J
E Z I N K R W W S S S D O E A
L S M I N I N G X N Q Q S R B
O T B X X A R O B W R Z T T A
W A I D L T X E Y O J I F W D
S L S E M G G R G T S P O E W
E F H A U Q Q S V T R F R N A
A T A G G D C Y S S M E T T T
L L L I K O G D Z O W S Y Y E
L E A Y V T P R O X H U Q N M R
E V S S T Z I B R U G E I U B
V E S Y X V L X I Q L M O N L A
E L S T E J I B B P J B Z E E S
U S B Y Q C A O J H S V R S I
F B H E B G Z W C I Z L S K N
```

Las Vegas Casinos

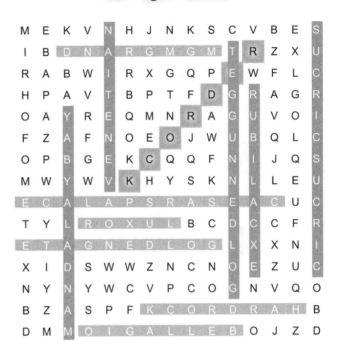

Hoover Dam

Kīlauea Volcano

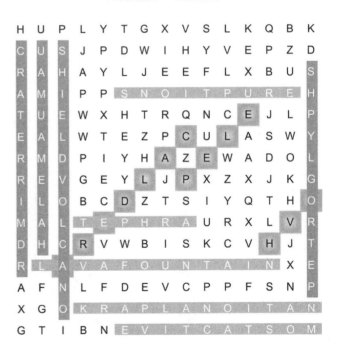

Answer Key

Hawai'i Flora

1. H
2. A
3. G
4. J
5. B
6. I
7. D
8. E
9. C
10. F

The Road to Hana

Haleakalā National Park

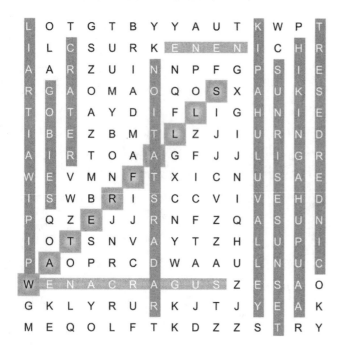

Honolulu, Hawai'i

Answer Key

Alaska Native Heritage Center

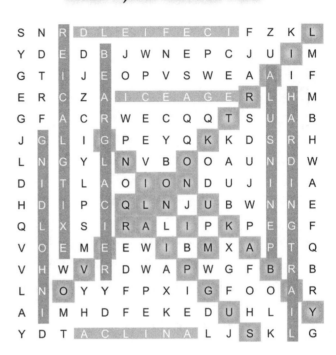

Kenai Fjords National Park

Denali National Park & Preserve

Craters of the Moon National Monument

Answer Key

Sawtooth National Forest

Nez Perce National Historical Park

Oregon National Historic Trail

Crater Lake National Park

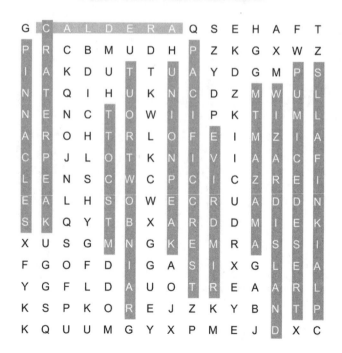

Answer Key

Northwestern College Tour

1. E
2. I
3. A
4. F
5. C
6. B
7. D
8. J
9. G
10. H

Portland Curiosities

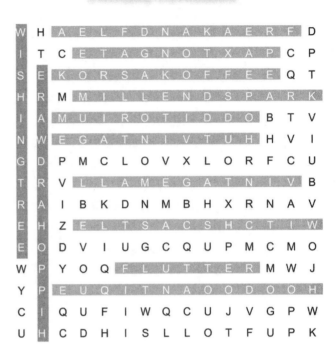

Lewis and Clark National Historical Park

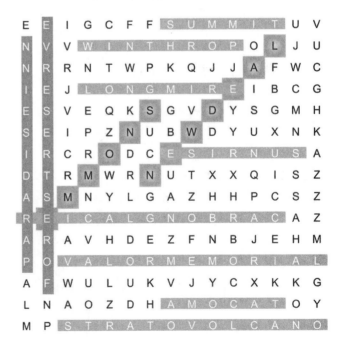

Mount Rainier National Park

Answer Key

Olympic National Park

Northwestern Forests

1. D
2. A
3. C
4. E
5. B
6. A
7. C
8. C

Seattle History

Snoqualmie Falls

Answer Key

Montana Vortex and House of Mystery

Glacier National Park

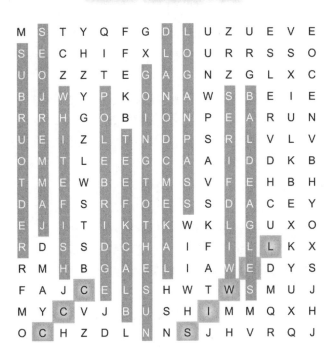

The Berkeley Pit

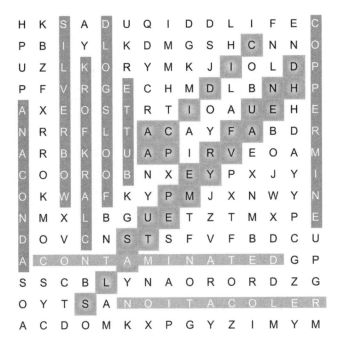

Museum of the Rockies

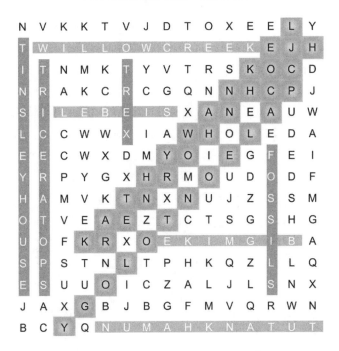

Answer Key

Grand Teton National Park

Northwestern Tasting Tour

1. D
2. J
3. F
4. A
5. C
6. H
7. I
8. B
9. G
10. E

Yellowstone National Park

Northwestern Ghost Towns

1. E
2. E
3. B
4. A
5. C
6. D
7. A
8. C

Answer Key

Iowa

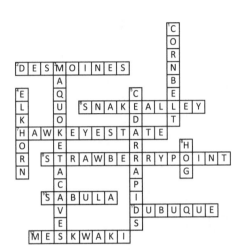

Effigy Mounds National Monument

Wisconsin Historical Museum

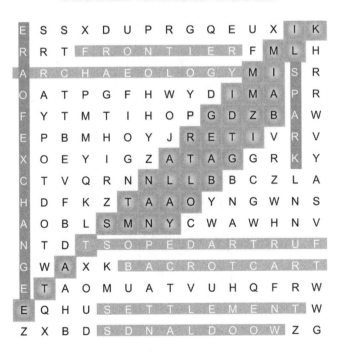

Old World Wisconsin

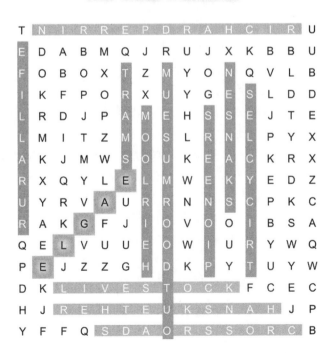

Answer Key

Illinois

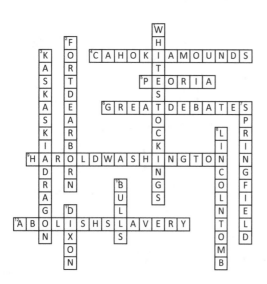

Morton Arboretum

Chicago Food

Indiana

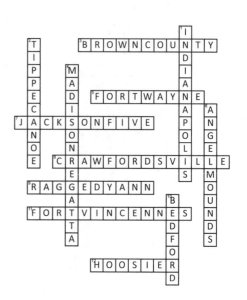

Answer Key

Indiana Dunes National Park

Mackinac State Historic Parks

Henry Ford Museum

Cleveland, Ohio

Answer Key

Yoder's Amish Home

National Underground Railroad

Kentucky

Mary Todd Lincoln House

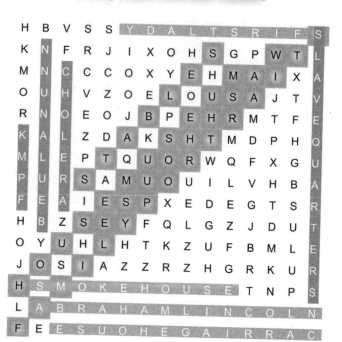

Answer Key

Churchill Downs

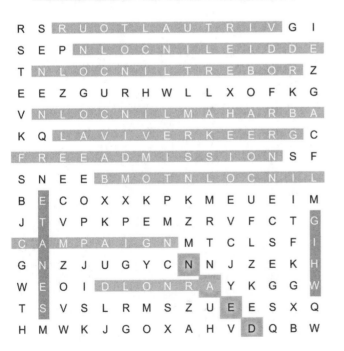

Indiana State Museum

Lincoln Home National Historic Site

St. Louis, Missouri

Answer Key

Gateway Arch National Park

Midwestern College Tour

1. **K**
2. **F**
3. **J**
4. **B**
5. **I**
6. **C**
7. **E**
8. **L**
9. **D**
10. **G**
11. **A**
12. **H**

Lake of the Ozarks

National World War I Museum

Answer Key

Kansas

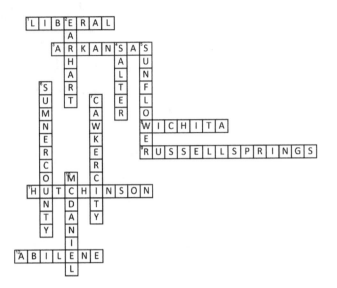

Oz Museum

Dwight D. Eisenhower Library

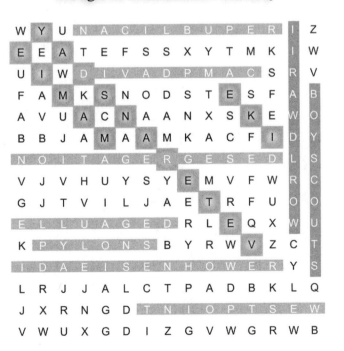

Willa Cather Center

Answer Key

Scotts Bluff National Monument

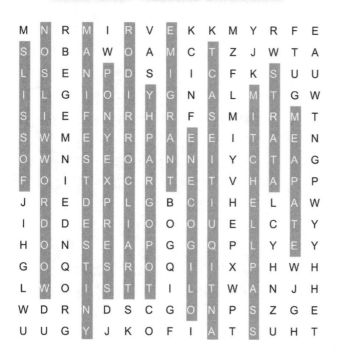

Crazy Horse Memorial

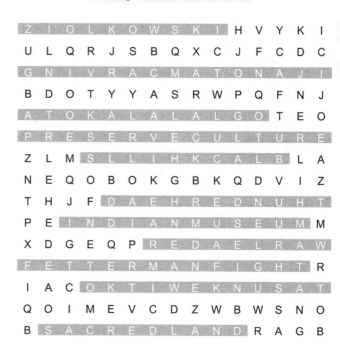

Mount Rushmore National Memorial

Midwestern Tasting Tour

1. E
2. G
3. B
4. C
5. A
6. H
7. J
8. D
9. K
10. F
11. L
12. I

Answer Key

Badlands National Park

Mitchell Corn Palace

Maah Daah Hey Trail

Theodore Roosevelt
Nature & History Association

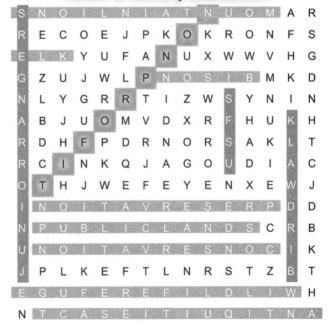

259

Answer Key

Midwestern Music and Cultural Festivals

1. C
2. A
3. D
4. C
5. C
6. D
7. B
8. C

Minnesota

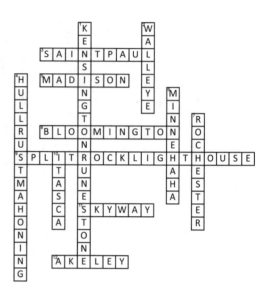

Voyageurs National Park

Minnehaha Falls